(Er)kennen Sie Wetzlar?

Hans-Georg Waldschmidt

Text und Aufnahmen: Hans-Georg Waldschmidt

Impressum

ISBN 3-926617-33-0

Herausgeber, Verlag und Gesamtherstellung:
Wetzlardruck GmbH, Wetzlar, D-35573 Wetzlar

Vorwort

»(Er)kennen Sie Wetzlar?« heißt das historische Bilderrätsel, das seit Mai 2002 die Leser der Wetzlarer Neuen Zeitung und der Solms-Braunfelser begeistert. Mit Spannung und Vorfreude warten die Rätselfreunde jeden Sonntag auf die neue Folge, die interessante, amüsante, verblüffende, schöne – und in den meisten Fällen bislang unveröffentlichte – »Fotoschätzchen« aus dem Fundus privater Sammler präsentiert.

Schon kurz nach dem Start der Serie kam die Idee auf, aus dem exklusiven Material ein Buch zu gestalten. Das ist nun geschehen mit den ersten 74 Folgen. Wir haben uns nicht drauf beschränkt, historische Stadtansichten und die heutige Sicht gegenüberzustellen. Wir haben Ihnen, liebe Leserin, lieber Leser, die Möglichkeit gegeben, Ihre Gedanken, Geschichten, Anekdoten und persönlichen Anmerkungen über die gezeigten Motive darzulegen.

Noch spannender als die Rätselfrage war daher oft das Ergebnis Ihrer Antworten. Was dort zusammenkam, haben wir auszugsweise in dem neuen Bildband über Alt-Wetzlar und seine bislang verborgenen Ecken, Winkel und Ansichten zusammengeführt.

Uns ist wichtig, dass wir in den meisten Fällen auf das Material unserer Leser zurückgreifen konnten und nicht nur offizielle Bildquellen verwenden mussten. So können wir Ihnen heute einen exquisiten, exklusiven und mit viel Heimtaverbundenheit gestalteten Fotoband über Alt-Wetzlar vorlegen, der mit Recht als ein neues Stück Wetzlarer Stadtgeschichte bezeichnet werden darf. Freuen Sie sich auf die Lektüre – und wenn Sie eine interessante nostalgische Ansicht von Wetzlar entdecken, lassen Sie es uns wissen. Die Serie »(Er)kennen Sie Wetzlar?« geht nämlich weiter! Wir haben noch jede Menge ungewöhnliche Motive aus vergangenen Wetzlarer Tagen auf Lager.

Bis dahin
Hans-Georg Waldschmidt

Die Bahnhofstraße, noch gepflastert, mit Blick auf das Hotel Kessel.

Kaum verändert hat sich der Blick. Die Bahnhofstraße ist heute allerdings Fußgängerzone und damit fast blechfrei.

Auf ein großes Echo stößt unsere nostalgische Bilderserie »(Er)kennen Sie Wetzlar?«. 212 Einsendungen erreichten bisher die Redaktion. Und alle wussten,dass es sich um die frühere Bahnhofstraße mit dem Hotel und Weinhaus Kessel im Mittelpunkt handelte. »Eine tolle Idee, einer großen Leserschaft das nostalgische Wetzlar nahe zu bringen«, schreibt Christian Kremp aus Wetzlar. Dass wir mit unserer neuen Serie auch jüngere Menschen ansprechen, beweist der Brief von Karsten Bremond aus Leun: »Zwar gehöre ich nicht der ganz alten Generation an, aber das Schmökern in alten Bildern weckt auch in mir Erinnerungen an die gute alte Zeit.« Hella Best aus Wetzlar: »Ich bin in der Eduard-Kaiser-Straße geboren und habe dort 21 Jahre gewohnt. Auf der linken Seite des Fotos waren das Hauhaltswarengeschäft Kling und das Schuhhaus Brück.« Viele Einsender wussten auch,dass sich auf der rechten Seite hinter der prächtigen Lindenallee früher das Kaufhaus Linke (später KaWe,dann Mauricius) befand. Im Hintergrund ist in den 20er Jahren das ehemalige Konsum-Gebäude zu sehen. »Seit 1962 fuhr mein Bus immer am Bahnhof ab. Mein Weg führte mich durch die Bahnhofstraße. War das Taschengeld noch reichlich, kehrte man im Café Eucker oder im KaWe ein. Gegenüber der Bushaltestelle war die alte Bahnüberführung nach Niedergirmes mit einem grasbedeckten Hang als Liegewiese.« Das Kaufhaus gibt es in dieser Form auch nicht mehr. Dazu Erich Bittrich aus Wetzlar: »Mit Schließung des Kaufhauses Mauricius wurde das Sterben der Bahnhofstraße eingeleitet.«

Bauarbeiten Ende der 30er Jahre am Karl-Kellner-Ring. Der Schleusenkanal wird zugeschüttet.

Der Karl-Kellner-Ring ist heute die wichtigste Durchgangsstraße in Wetzlar.

Schwierig war es für viele Rätselfreunde, dieses Bild zu erkennen. »Das Bild zeigt den Bau der damaligen Jakob-Sprenger- Straße (Nazi-Gauleiter Hessen-Nassau),des heutigen Karl-Kellner-Rings.Der Graben links im Bild dürfte der einstige Schleusenkanal sein, der beim Bootshaus von der Lahn abzweigte und hinter der heutigen Firma Rauch wieder in die Lahn mündete«, beschreibt Christian Mossberger korrekt den Bildinhalt: »Der Bau einer Umgehungsstraße war wegen des ständig steigenden Verkehrsaufkommens in Wetzlar nötig geworden.« Ingeborg Befort aus Solms: »Durch das Zuschütten des Kanals wurde die steinerne Brücke überflüssig, die die Langgasse mit der Neustadt verband. Sie wurde abgebrochen.« Hans-Otto Friedrich aus Wetzlar: »Der Schleusenkanal war im Rahmen der Schiffbarmachung der Lahn bis Gießen entstanden und umging die Wehre für den Mühlgraben der Hauser- und Amend-Mühle.« Werner Ziegler aus Wetzlar: »Im Hintergrund links sind die Schornsteine von Buderus zu erkennen.« Klaus Schäfer aus Wetzlar: »Als Steindorfer Bub, Jahrgang 1949, bin ich zu jung, um die abgebildeten Verhältnisse aus eigenem Erleben zu kennen. Als geschichtlich interessierter Wetzlarer habe ich allerdings so viel Hintergrundwissen und Erinnerungen aus meiner Kindheit, dass ich den Bau des heutigen Karl-Kellner-Rings zu erkennen glaube.« »Mein 92-jähriger Vater Adolf Grün kann sich noch an das Zuschütten des Schleusenkanals erinnern. Er hat mit Bulldog und Anhänger selbst dabei mitgearbeitet«, schreibt Hartmut Grün aus Leun.

Früher war der Wetzbach offen und von einer Pappelallee gesäumt.

Der Ebertplatz ist ein moderner Verkehrsknoten. Die Franziskanerkirche ist inzwischen wegen der Bäume nicht mehr zu sehen.

Die Bach – hieß früher im Volksmund der Wetzbach. Und genau dieses Gewässer zeigt unser Nostalgiefoto-Bilderrätsels. Und zwar fotografiert im Winter 1917 aus der Nauborner Straße in Richtung des heutigen Friedrich-Ebert-Platzes,der damals Solmser Platz hieß. Im Hintergrund sehen wir das Haus Nauborner Straße 9; die Straße hieß damals Schwanengasse. Auch der heutige Besitzer dieses Hauses,Thomas Moser, hat die Antwort gewusst. »Die ansehnliche Wasserfläche entstand durch ein Wehr kurz hinter dem Steg, durch das ein Seitenarm des Wetzbachs abgezweigt wurde.« »Das Haus hinter der Fichte wurde meines Wissens 1873 erbaut. Damals gab es noch keinen Durchgang zur Schwanengasse«, schreibt Otto Schink aus Bonbaden. Zwar ist es heute rund um den Friedrich-Ebert-Platz auch ziemlich grün, aber die Pappelreihe auf dem Nostalgiebild ist der Fahrbahn der Nauborner Straße gewichen. Andererseits sind die Bäume im Hintergrund so stark gewachsen,dass man heute vom damaligen Standort des Fotografen aus den Dom und die Franziskanerkirche nicht mehr sieht. Hans-Otto Friedrich aus Wetzlar: »Man achte auch auf die Gaslaterne rechts im Bild. An dem Laternengehäuse war eine kleine Drahtschlinge, und jeden Abend bei Eintritt der Dunkelheit entzündete der Laternenmann die Lampe durch Ziehen an dieser Schlinge mit einem Haken, der an einem langen Stab befestigt war.« Gretl Löw aus Leun erinnert sich: »Früher musste ein Kind, welches in der Nauborner Straße aufwuchs, wenigstens einmal in die Bach gefallen sein. Das gehörte einfach dazu ...«

Die sechsstufige Treppe führt zur Kirchgasse hinter dem Dom.

Die Treppe ist heute nahezu unverändert; im Hintergrund das evangelische Dom-Gemeindehaus.

Den Kirchhof hinter dem Dom zeigt dieses Bild. Immerhin 15 Einsendungen waren falsch. Die Palette reichte von Mühlgraben über Säuturm bis zu Gertrudishaus. Erich Bittrich dazu: »Hat man die steile Treppe zum Wetzlarer Dom erklommen, wischt man sich zunächst einmal den Schweiß von der Stirn. Nach einigen Sekunden der Besinnung kann man links die auf Ihrem Foto dargestellte Treppe mit dem dazugehörigen Mauerwerk erkennen. Da ich einen großen Teil meiner Kindheit in der Domgemeinde verbracht habe, ist mir die Gegend sehr vertraut.« »Die Treppe führt zu dem Platz, der auch Kleiner Kirchhof genannte wurde. In den Häusern wohnte die Familie Claas, die einen kleinen Laden mit Ansichtskarten und christlichen Artikeln führte. Herr Claas war katholischer Küster. Auch Herr Dietrich, der evangelische Küster, wohnte dort mit seiner Familie«, weiß Marlies Kreker aus Büblingshausen. Maria Hülsmann berichtet: »Hinter dem Gemeindehaus ist das Gertrudishaus, das in den 50er Jahren eine Nähschule und einen Kindergarten beherbergte.« Dorle Scherer: »Meine Zwillingsschwester und ich besuchten 1926 den Kindergarten im Getrudishaus. Wir kamen täglich an diesem schönen gepflegten kleinen Platz vorbei. Im Haus wohnte damals noch der katholische Kirchendiener. Die Kreuzigungsgruppe hängt heute im Dom anstelle des im Krieg zerstörten Lettners.« Ein interessanter Hinweis kam von René La Grange: »Die Aufnahme muss nach 1923 entstanden sein, denn sonst würde sich etwa in der Bildmitte noch ein Kriegerdenkmal befinden, das um 1923 entfernt worden ist.«

An der Einmündung zur Neustadt gab es früher eine Tankstelle, die zur Firma Rauch gehörte.

Wo früher die Wohnhäuser in der Neustadt standen, befindet sich heute ein verwaister Möbelmarkt.

Vierundneunzig Wetzlar-Kenner lagen richtig: Sie erkannten dieses Motiv unseres beliebten Bilderrätsels – den Karl-Kellner-Ring/Ecke Neustadt. Die Aufgabe war an- scheinend leicht,denn gerade mal zwei Einsender lagen mit ihrem Tipp daneben.
Zu den Teilnehmern mit korrekter Ortskenntnis gehörte auch Werner Mohr aus Wetzlar, er schreibt unter anderem: »Wo jetzt das ehemalige Möbelgeschäft dahingammelt, standen einst die Neustädter Häuser. Hinten am Bildrand links schaut ein Stück vom ehemaligen Gasometer heraus.«
Unser historisches Bild weckte bei Helmut Bartel alte Erinnerungen: »Diese Ansicht ist mir noch gut in Erinnerung, denn ich habe von 1956 bis 1959 am Karl-Kellner-Ring gelernt. Die Häuserzeile mit den verschieferten Gebäuden wurde abgerissen. In einem dieser Häuser hatte der Wetzlarer Pferdeschlächter seinen Laden. Außerdem war eines dieser Häuser der Wohnsitz des Bäckermeisters Axt. Das Foto könnte auch schon Ende der 50er Jahre entstanden sein, denn ich erinnere mich, dass zu dieser Zeit bereits die Ampel in Betrieb genommen wurde.«
Und Hannelore Schott aus Solms ergänzt: »Als Kind kam ich samstags immer mit meiner Mutter dort vorbei, als wir zum Markt auf dem Domplatz und zur Metzgerei Diez in der Langgasse einkaufen gingen. Wir kamen damals von der Alfredstraße und gingen bis zum Domplatz. Heute ist es eigentlich undenkbar, solche weiten Einkaufswege zu Fuß zurückzulegen.«

Der Karl-Kellner-Ring in den späten 50er Jahren. Der Militärlaster links ist übrigens ein Borgward und kein Hanomag, erkannten mehrere Leser.

Der Karl-Kellner-Ring heute als Einkaufsstraße und Flaniermeile.

Sonnige Sonntagsgrüße schickte das Wetzlarer Ehepaar Harald und Adelheid Hampel als Rätselauflösung. Und die Hampels hatten natürlich die richtige Lösung parat: Das obere Bild zeigt den Karl-Kellner-Ring Ende der 50er Jahre. Rechts sind das Hallenbad im Jugendstil, die ehemalige französische Militärverwaltung, die alte Ladenzeile und im Hintergrund die ehemalige Kreisverwaltung und Sparkassenzentrale zu sehen. »Wenn man Mitglied im Schwimmverein war, erkennt man unser schönes altes Hallenbad im Jugendstil sofort wieder. Eine Bahn, 17,5 Meter lang – war das eine schöne Zeit«, schreibt Jeanne Sarges aus Solms. »Diesmal war die Auflösung des Rätsels so einfach, dass sogar jemand meines Jahrgangs (1970) die Lösung sofort wusste«, schreibt Claudia Schreiber aus Wetzlar. Detlev Janzen aus Laufdorf: »Im Herbst 1973 wurde das Hallenbad vom Abbruchunternehmen Karl Seipp dem Erdboden gleichgemacht, um einem weitaus weniger ästhetischen Betonklotz Platz zum machen.« Ein bemerkenswerter Brief erreichte uns aus Weil im Schönbuch in Baden-Württemberg von Hannelore und Dieter Thamm: »Vor 17 Jahren sind wir mit unseren beiden Söhnen ins Schwabenländle gezogen. Zum Abschied bekamen wir von meinem Vater ein Abonnement der Wetzlarer Neuen Zeitung geschenkt. Seitdem lesen wir mit einem Tag Verzögerung das Neueste aus Wetzlar und Umgebung. Besonders gespannt sind wir auf die Sonntagsausgabe. Die kommt immer erst dienstags. Deshalb haben wir stets den Termin für das Bilderrätsel verpasst. Aber diesmal klappte es.«

Blick von der Silhöfer Straße zum Schillerplatz im Jahr 1905.

Rund um den Schillerplatz ist das schöne Fachwerk an den stattlichen Häusern freigelegt worden.

»Bis auf das große Gebäude im Hintergrund und die Bäume hat sich nicht viel verändert«, schreibt Volker Sprehn und präsentiert die Lösung des Rätsels: »Das Bild von 1905 zeigt den Blick von der Silhöfer Straße in Richtung Schillerplatz.«
»Ich bin 34 Jahre alt und war vom 5. bis 10. Schuljahr auf der Kestner- bzw. Lotteschule. Nach der Schule bin ich meistens über den Schillerplatz zur Bushaltestelle am Leitzplatz gegangen. Damals und vor allem bis zum jüngsten Umbau des Schillerplatzes hat es mir dort besser gefallen. Heute sieht es eher aus wie eine Steinwüste«, meint Karin Dick aus Herborn. Helga Langenbach aus Aßlar erinnert sich: »Ich arbeitete von 1948 bis 1958 bei Spielwaren Keil und kenne deshalb diese Gegend genau.« Gudrun Eckhard aus Schöffengrund: »Wenn ich als Kind mit meiner Mutter Ende der 50er Jahre einkaufen war, haben wir immer beim Metzger Fritz in der Silhöfer Straße eine Bratwurst gekauft.« Ein interessantes Detail steuert auch Otto Schink aus Bonbaden bei: »An der Westseite des Schillerplatzes und im Vordergrund des Bildes befand sich der Delikatessenladen von G. F. Waldschmidt. Wer den Kalsmunt-Turm besteigen wollte, konnte sich den Schlüssel zum Tor der Burg dort abholen.« Mit einem kleinen Gedicht beteiligte sich Erwin Wekwerth aus Wetzlar am Bilderrätsel: »Die Kinder auf dem Bild zum Schillerplatz rennen, auf der Silhöfer Straße die Marktfrau zum Markte eilt, ist, nach genauer Betrachtung, doch klar zu erkennen das Geschäft Louis Scharff, heute Willi's Clothing Store zu benennen. Schon Goethe hat gern in dieser Stadt verweilt!«

Im Vordergrund sehen wir die Bollerbrücke, die über den Schleusenkanal führte.

Wo früher die Bollerbrücke stand, befindet sich heute der Buderusplatz mit seinen Geschäftshäusern.

Dieses Motiv, das im Jahr 1934 aufgenommen wurde,zeigt den früheren Bollerbrückenplatz mit der Bollerbrücke und im Hintergrund die Lahnberge mit dem markanten blauen Haus.

»Der Schleusenkanal, der im Vordergrund zu sehen ist, wurde 1938 zugeschüttet«, weiß Heiko Limpl aus Wetzlar. »Obwohl ich erst 16 Jahre, nachdem das Foto geschossen wurde, geboren bin, habe ich auf den ersten Blick erkannt, dass es sich um den heutigen Buderusplatz handelt«, schreibt Hannelore Schott aus Solms. Hans-Jürgen Preuß aus Wetzlar: »Mit dem Schleusenkanal konnte die Lahnschifffahrt die beiden Lahnwehre im Wetzlarer Stadtgebiet umgehen.« Auch für den Namen Bollerbrücke fand Preuß eine Erklärung: »Die Eisenerzfuhrwerke bollerten, als sie über die Brücke in Richtung Hüttenwerke rollten. Da die Bollerbrücke verschwand, wurde die Bezeichnung vom Wetzlarer Volksmund dann auf die Stahlbrücke über die Lahn angewendet.« Viele erinnern sich noch gerne an das Kaufhaus Union,das sich auf der rechten Seite befand. Dahinter war das beliebte Goethe-Café. Gretl Löw aus Leun weiß noch, dass sich links von dem auf dem Foto gezeigten Tabakgeschäft Wilhelm Adolph der Kiosk »Hahns Häuschen« befand: »Hier bekam ich 1951 meine erste Banane.« Hermann Eucker aus Wetzlar fand heraus, dass das Haus Adolph früher zur Gemarkung Niedergirmes gehörte und am 1. April 1903 nach Wetzlar eingemeindet wurde: »Wilhelm Adolph war vor dem Bau der Eisernen Brücke Fährmann und musste die Laternen im Bereich der Girmeser Bahnhofstraße betreuen.«

Von einem Turm aus wurde der Verkehr an der Kreuzung Frankfurter Straße/Wertherstraße geregelt.

Der Turm ist verschwunden, das markante Eckhaus zum Philosophenweg aber ist geblieben.

Alle Rätselfreunde erkannten auf unserem Nostalgiefoto auf Anhieb die gesuchte Kreuzung Frankfurter Straße/Wertherstraße/Philosophenweg. Offenbar war das markante Eckhaus der Auslöser für den Wiedererkennungseffekt, denn die Umgebung im Hintergrund ist im Vergleich zum alten Foto heute nicht mehr wiederzuerkennen bzw. vom Standort des Fotografen gar nicht mehr zu sehen wegen der inzwischen hoch gewachsenen Bäume. »Bei der noch unbebauten Feldflur handelt es sich um das heute bebaute Gebiet Vogelsang/Lerchenweg/Brückenborn«, schreibt Karl-Ernst Ufer aus Weinbach, der sich ebenso mit dem Bildhintergrund beschäftigte wie Ingeborg Befort, die von den »schönen Wohnstraßen« schwärmt, die dort entstanden sind. Fritz Nolte erinnert sich ebenso wie mehrere andere Rätselfreunde an den Spruch, der in einem ovalen Rahmen an der Wand des Eckhauses prangt: »Grüß Gott, tritt ein, bring Glück herein.« Aber nicht immer stand das Haus unter einem glücklichen Stern. Klaus Klein aus Wetzlar schreibt: »Traurige Berühmtheit hat das Haus erlangt, als vor gut 15 Jahren dort eine junge Spanierin, Mutter von Zwillingen, ermordet wurde.« Glücklichere Tage hat Maureen Gerhardus-Drake in dem Gebäude verlebt: »Nie könnte ich dieses Haus vergessen, denn ich habe im Jahr 1962 dort ein möbliertes Zimmer bewohnt, als ich als junge englische Abiturientin nach Deutschland kam. Wetzlar ist zwischenzeitlich zu meiner zweiten Heimat geworden, und ich freue mich sehr über die Serie mit den alten Fotografien von dieser hübschen Stadt.«

Stimmungsvolle Nachtaufnahme von der Schuhgasse, in der früher die Schuhmacher ansässig waren.

Alle alten Häuser in der Schuhgasse wurden abgerissen und durch Neubauten ersetzt. Sauber, aber steril und ohne Flair.

Die stimmungsvolle Schwarz-Weiß-Fotografie, die vermutlich aus dem Jahr 1949 stammt, zeigt die frühere Schuhgasse. Die Straße gibt es in dieser Form heute nicht mehr, aber der Bereich zwischen Eisenmarkt und Kornmarkt heißt hier noch immer Schuhgasse. »Bei einer Ortsbegehung traf ich einen älteren Herrn, der ebenfalls auf der Suche nach der Lösung war. Wir kamen zu der Überzeugung, dass es sich nur um die Schuhgasse handeln konnte«, schreibt Dieter Kling aus Wetzlar. »Die Häuser auf der linken Bildseite hatten von der Sandgasse im Erdgeschoss Zugang zu den Wohnungen. Die Häuser auf der rechten Seite wurden abgerissen; dahinter befand sich die Spinatgasse«, erinnert sich Inge Diehl aus Albshausen. Renate Purlis aus Wetzlar weiß: »Ich erkenne die Schuhgasse an einer schief angebauten Türfüllung im linken Bildhintergrund. Dort wohnte die Familie Drescher, mein Patenonkel.« »Die Schuhgasse – auch Stiefelallee genannt – hat ihren Namen von den dort ansässigen Schuhmachern. Vor dem 2. Weltkrieg gab es hier noch fünf Schuhmacher: zwei hießen Ulzenheimer, die anderen Schlotthauer, Petri und Bender. Auf dem Foto glaube ich die damals dort wohnende Frau Hähn zu erkennen«, meint Werner Ziegler aus Wetzlar. Anderer Meinung ist Ingo Hoppenrath aus Wetzlar: »Die Person ist Frau Weitzel.« Vom Flair der Altstadt begeistert ist Ursula Ströhle aus Schöffengrund: »Von der ersten Stunde an haben mich diese Gässchen fasziniert. Mich haben die von Haus zu Haus gespannten Wäscheleinen in der Schuhgasse nie gestört,sie gehörten einfach zu diesem Viertel.«

Die Befort-Schmiede am Ende der Langgasse ist verschwunden. Im Hintergrund entsteht gerade die Commerzbank.

Anstelle der Schmiede ist ein Hochhaus entstanden, das sich Langgässer Tor nennt.

Das erste Hochhaus Wetzlars stand nicht – wie auch viele Wetzlarer immer noch glauben – am Karl-Kellner-Ring. Die Commerzbank, die unser Rätselfoto zeigt, ist Mitte der 50er Jahre entstanden. »Schon früher gab es die Leitz-Hochhäuser«, schreibt unserer Leser Otto Barfuß aus Wetzlar. Bereits 1939 entstand das Hochhaus Leitz I, gefolgt von Leitz II im Jahr 1937 und Leitz III im Jahr 1949. Unser historisches Bilderrätsel fand auch mit diesem Motiv wieder ein großes Echo. 199 Leserinnen und Leser – neuer Rekord – nahmen teil. Leider waren zwei Antworten falsch. Das Foto aus der Sammlung von Heinz Fuhr zeigt die Langgasse mit Blick auf das im Bau befindliche stadtbildprägende Gebäude der Commerzbank.Im Vordergrund ist die Befort-Schmiede zu sehen. Heute steht dort ein weiteres Hochhaus, nämlich das so genannte Langgässer Tor. Leserin Christel Schäfer aus Lahnau erinnert sich: »Diese Gebäude vergesse ich nicht. Ich habe bei der Firma Ruhe in den 50er Jahren gelernt. Bei Glatteis im Winter, nach Auslieferung von Waren, sind wir mit dem Auto gegen dieses alte Gebäude gerutscht – genau an die Ecke.« Auch Arno W. Fitzler aus Braunfels hat den Fehler mit dem ersten Hochhaus erkannt und schreibt auf seiner Lösungskarte: »Dies ist der Ausgang Langgasse zum Karl-Kellner-Ring. Die heutige Commerzbank ist im Bau. Sie ist aber nicht das erste Hochhaus Wetzlars. Dies dürften die Leitz-Gebäude sein.« Inzwischen sind weder die Commerzbank noch die Leitz-Hochhäuser Wetzlars höchste Gebäude. Es ist vielmehr das Buderus-Zementsilo an der Hermannsteiner Straße.

Am Zusammenfluss von Mühl- und Zirkuliergraben stand die alte Walkmühle von Amend.

Heute wird am Mühlgraben durch ein Wasserkraftwerk umweltschonend Strom erzeugt.

Die Barock-Fassade auf dem historsichen Foto gehört zu einer ehemaligen Walkmühle. Sie hat ein Hirschgeweih am Giebel und spiegelt sich auf unserem Nostalgiefoto im Mühlgraben. 1936 wurde Amends Mühle mit 12 Silotürmen neu erbaut. 1976 brannte die stillgelegte Mühle dann völlig aus. Entweder war die Aufgabe diesmal zu schwer oder aber viele Wetzlar-Kenner haben sich zurückgehalten, denn die Resonanz auf dieses wiklich stimmungsvolle Foto war eher gering. Doch immerhin 52 Leserinnen und Leser haben uns ihren Lösungsvorschläge zugeschickt – sechs Antworten waren falsch.

Richtig lag unter anderem Karl-Heinz Ravizza aus Wetzlar, der schreibt: »Das Zeitungsbild zeigt die zur Innenstadt hin gewandte Gebäudeseite der ehemaligen Walkmühle, die der Wollweberzunft gehörte. Die Wollweber trockneten die gewalkten Stoffe auf Holzrahmen. Die heute noch existierende Rahmengasse erinnert an diesen Sachverhalt, denn dort waren die Hersteller der Holzrahmen ansässig.«

Heute befindet sich an dieser Stelle ein neues Wasserkraftwerk.

Pflaster und Kastanie bestimmen den Schillerplatz.

Auch heute ist der Schillerplatz wieder gepflastert. Die alte Kastanie musste gefällt und durch eine neue ersetzt werden.

»Das Tor zur Altstadt« – den Schillerplatz, zeigt diese Folge unseres Bilderrätsels von Alt-Wetzlar. »Der Fotograf hatte seinen Standort in der Nähe der Kornblumengasse und machte die Aufnahme in Richtung Silhöfer-Tor-Straße. Bei dem markanten Gebäude handelt es sich um das frühere Franziskanerkloster. Später waren dort verschiedene Schulen untergebracht; im Erdgeschoss hatte die Wetzlarer Feuerwehr lange Jahre ihr Einsatzdomizil, bis sie einen neuen Stützpunkt an der Ernst-Leitz-Straße bekam. Heute befindet sich dort die Wetzlarer Musikschule. Und der Platz ist wieder so ähnlich gepflastert wie auf dem Nostalgiebild.« Wieder haben uns zu diesem historischen Foto interessante Geschichten erreicht. So ergänzt Detlef Hasselbach aus Wetzlar den Verwendungszweck: »Hier waren auch einmal ein Lazarett, ein Magazin, sogar eine Kaserne in dem großen Gebäude am Schillerplatz untergebracht.« Und Lotte Emmerich bemerkt: »Mit der Schönheit der Kastanie von damals kann die heutige leider nicht Schritt halten.« Inzwischen ist auch dieser Baum wegen Bruchgefahr gefällt und durch eine neue Kastanie ersetzt worden.

Getreidehausten vor den ausgedehnten Werksanlagen von Buderus, vom Dillfeld aus fotografiert.

Das Nostalgiebild ist heute nicht mehr exakt nachzustellen, da sich Bebauung und Bewuchs stark verändert haben.

Das Dillfeld zeigt dieses Rätselfoto. Das große Industriewerk im Hintergrund ist natürlich die Firma Buderus (Röchling, Sophienhütte, Berghütte, Edelstahl). Zu sehen sind noch die zahlreichen Schornsteine sowie die Gaskessel und der Kühlturm, die heute längst aus dem Stadtbild verschwunden sind. Im Vordergrund befindet sich heute das neue Gewerbegebiet Dillfeld.

Horst Mayer aus Hüttenberg hat ganz persönliche Erinnerungen: »Am linken Bildrand ist das Gebäude zu sehen, in dem zu meiner Lehrzeit von 1968 bis 1971 die Lehrwerkstatt von Buderus-Edelstahl untergebracht war.«

Ganz genau im Bilde ist auch Dieter Kling aus Naunheim: »Das Foto zeigt die Rückseite der Turbinenzentrale der Hessischen Berg- und Hüttenwerke vom Dillfeld aus. Ursprünglich gehörte die Anlage den Buderus'schen Eisenwerken, kam aber im Zuge der politischen und wirtschaftlichen Neugliederung Deutschlands 1947 in den Besitz der Treuhandverwaltung, aus der 1952 durch den Zusammenschluss der Sophienhütte, der Oberschelder Hütte und den zu Buderus gehörenden Erzgruben die Berghütte hervorging. Der aus den Wetzlarer Turbinen austretende Dampf wurde noch weiter als Fernheizung zum Beispiel für die Kreisverwaltung am Karl-Kellner-Ring genutzt.«

Helmut Mettal aus Oberbiel kennt sich mit den Hochspannungsleitungen aus: »Auf der linken Bildseite erkennt man die 20-kV-Doppelfreileitug der EAM von Wetzlar nach Atzbach sowie den 20-kV-Anschluss von Buderus. Diese Leitungen wurden 1980 und 1995 abgebaut.«

1965 war die Bebauung in der Barfüßerstraße noch komplett; vom Parkplatz noch keine Spur.

Die Barfüßerstraße hat ihr Erscheinungsbild gewandelt. Das Gebäude im Hintergrund ist heute verschwunden.

Die Barfüßerstraße zeigt das Nostalgiefoto dieser Folge. Viele erkannten die markante Ecke in der Unterstadt, die heute ihr Gesicht gewandelt hat. Zwei Zuschriften waren falsch: Sie bezogen sich auf Güllgasse und Obertorstraße/Arnsburger Gasse. Wieder erhielten wir viele Zuschriften, die sich ausführlich und meist in schöner Erinnerung mit dem Foto von Adolf Lux aus dem Jahr 1965 beschäftigen. Hier einige Kostproben. Elisabeth Erbs aus Hüttenberg schreibt: »Früher lief hier der Barfüßerbach offen der Lahn zu. Wir spielten als Kinder nach dem Krieg oft in diesen Gassen. Heute sieht die Gegend um die verwahrloste ehemalige Glaserei Götz erbärmlich aus. Der Parkplatz Steighausplatz und das neue klotzige ›Seniorenparadies‹ sind keine Zierde.« Helmut Debschütz aus Solms: »Vor 45 Jahren an meinem 15. Geburtstag am 19. Juli 1956 spät in der Nacht war meine Umzugsreise von Norddeich nach Wetzlar beendet. Das Haus auf der rechten Seite, die Barfüßerstraße 4, steht noch und war damals für drei Jahre mein neuer Wohnort. Aus dem Fenster im zweiten Stock hatte ich einen herrlichen Blick auf den Schillerplatz.« Norbert Ruppik aus Wetzlar kennt sich aus: »Links des Hauses in der Mitte, das in der 70er Jahren abgerissen wurde, führte die Gasse zur Glaserei Götz und zur Schmiede Schwan. An deren eisernem Hoftor wiesen die geschmiedeten Jahreszahlen 1860 und 1960 auf das 100-jährige Bestehen der Firma hin.« Auch Thomas Moser aus Wetzlar kennt Details: »Im Haus am linken Bildrand befand sich eine Schuhmacherei (Dreyer). Auf der rechten Seite vorne sehen wir ein Gebäude der Spedition Völk, die im Hinterhof die Stallungen für ihre Pferde hatte. In der Bildmitte befindet sich das Haus der ehemaligen Schreinerei Befort.«

1962 enstand diese Aufnahme beim Bau der Taubensteinbrücke über die Lahn.

Vom Lahnuferweg aufgenommen wurde dieses Foto, wobei das Buschwerk die Brücke teilweise verdeckt.

Nicht leicht war die Lösung dieser Rätselfolge. Wir erhielten nur 40 richtige Einsendungen zu dem Bild, das den Bau der Taubensteinbrücke über die Lahn im Frühjahr 1962 zeigt. Nicht sehr glücklich ist man neuerdings allerdings über die Hochstraße, die das »Forum« von der Bahnhofstraße abschneidet. »Der Namen hat seine Aktualität behalten. Die Tauben wohnen in den Hohlräumen unter der Brücke und koten auf die Autos. Genau an der Stelle, wo die Info-Tafel von Wetzlar steht. Die Tauben sind nach der Brückenrenovierung sofort wieder eingezogen«, beobachtete Helmut Bartak. Ein technischer Experte ist Ludwig Debus aus Kinzenbach: »Ich möchte auf eine Besonderheit bei der Erstellung des Brückenpfeilers am rechten Lahnufer hinweisen. Zunächst wurde ein Betonrahmen gegossen, der am Ufer stand. Dann holte ein Bagger die Erde aus dem Innern des Rahmens. Der Rahmen sackte dann nach unten ab; mehrmals wurden neue aufgesetzt. Den viereckigen Sockel kann man heute noch sehen. Anschließend wurde das Loch mit Beton ausgegossen und der Pfeiler aufgesetzt.«
»An der Straße nach Garbenheim befand sich die Gaststätte Taubenstein. Danach ist die Brücke benannt«, meint Peter von der Osten aus Schöffengrund. Statistische Daten steuert Friedel Steinmann aus Garbenheim bei: »Bausumme: 4 Millionen Mark, Gründung: Senkkastengründung, Oberbau: vierstegiger Plattenbalken, Baulänge: Sieben-Feld-Bauweise mit circa 280 Meter Länge.«

Eine Allee am Ende der Bahnhofstraße mit dem Haus Trinthammer im Hintergrund zeigt dieses Bild von 1934.

Die Hochstraße bestimmt heute das Bild am Bahnhof. Hier entsteht das neue Einkaufszentrum »Forum Wetzlar«, das 2005 eröffnet werden soll.

In der Bahnhofsgegend entstand dieses Foto. Kaum wiederzuerkennen ist dieser wichtige Bereich Wetzlars im Vergleich von damals und heute. Im Jahr 2003 begann der Bau des neuen Einkaufszentrums »Forum Wetzlar« und der multifunktionalen »Arena«. Mehr als 100 Millionen Euro will ein Investor für das gigantische Bauvorhaben ausgeben.

1934, als Alfred Müller aus Aßlar das Foto schoss, befand sich links hinter den Bäumen die alte Bahnüberführung. Im Hintergrund führt heute die Hochstraße vorbei. »In dem großen Gebäude in der Bildmitte«, schreibt Helmut Bartel aus Wetzlar, »hatte das Tabakgeschäft Trinthammer seine Geschäftsräume. Ein schöner alter Bücherschrank aus Kirschbaumholz, aus dem Nachlass der Familie Trinthammer, steht heute als Schmuckstück in meiner Wohnung.« »Wenn man das Bild betrachtet«, meint Lotte Emmerich, »kommt fast ein wenig Wehmut auf. Unsere Bahnhofstraße war doch sehr idyllisch, und da man den Weg zum Bahnhof meist zu Fuß machte, spendeten die Bäume dort auch angenehmen Schatten.«

Annelore Küstner erinnert sich: »Das Foto zeigt eindeutig die Bahnhofstraße, denn darauf ist mein Elternhaus zu erkennen – Bahnhofstraße 44. Im Hof war unsere Lebensmittel-Großhandlung Otto Schramm KG. Das Haus war 100 Jahre in unserem Besitz.«

1972 wird das Eckhaus an der Schützenstraße gerade abgerissen.

Gesicht und Verkehrsführung gewandelt hat der Bereich Solmser Straße/ Schützenstraße.

Knifflig war die Auflösung dieser Folge von »(Er)kennen Sie Wetzlar?«. Das Foto von Heinz Fuhr aus dem Jahr 1972 zeigt den Bereich Solmser Straße/ Schützenstraße. Friedrich Nolte: »Das Haus im Vordergrund, das gerade abgerissen wird, ist das ehemalige Wohnhaus von Moritz Hensoldt. Ganz im Hintergrund am Friedrich-Ebert-Platz ist noch das ehemalige Wohnhaus von Dr. Wilhelm Witte zu erkennen.« Viele Leser erinnern sich auch, dass der bekannte Wetzlarer Frauenarzt Dr. Mink in dem zweiten Haus praktiziert hat; ebenso seine Frau, die Kinderärztin war. Eine interessante Betrachtungsweise bringt Matthias Pachler ins Spiel: »Der Ford 12M und der Opel Rekord Caravan wären bei der heutigen Verkehrsführung Geisterfahrer. An Stelle des abgerissenen Gebäudes muss heute der von der Bergstraße kommende Verkehr nach links um die verbliebenen Häuser herum abbiegen, um in die Nauborner Straße zu gelangen.« Ganz genau erinnert sich Hanna Keiner aus Solms, die in der Schützenstraße ihre große Liebe fand: »Das erste Haus: Schlosserei Ulm. Das zweite Haus mit dem Schaufenster, da lagen immer so schöne Hüte: Hut-Schneider. Das große Haus mit der großen Tanne: das Haus der Familie Theodor Bergmann.« Die Großeltern von Frau Keiner wohnten in der Schützenstraße; sie selbst in einer Großstadt. In den Pfingstferien besuchte sie jedes Jahr die Domstadt. Als junges Mädchen sagte sie zu ihrer Großmutter: »Wenn ich groß bin, suche ich mir einen Mann in Wetzlar.« Den fand sie tatsächlich an Himmelfahrt 1936 in dem Haus in der Schützenstraße. 1940 wurde Wetzlar ihr Zuhause.

So sah das »Gasthaus zum Finsterloh« in den 40er Jahren aus.

Auch heute wird das markante Gebäude in Büblingshausen gastronomisch genutzt. Es ist der »Kastanienhof«.

Früher stand es ganz allein, heute ist es Teil eines lebendigen Wohngebiets – nämlich von Büblingshausen. Gemeint ist das stolze Gebäude an der Ecke Frankfurter Straße/Unter dem Nussbaum. Als das Foto, das uns Simone Müller zur Verfügung stellte, in den 40er Jahren aufgenommen wurde, stand das Gasthaus »Zum Finsterloh« noch allein auf weiter Flur. Das hat sich inzwischen grundlegend geändert. Alle Leserinnen und Leser, die uns ihre Lösung schickten, haben das Motiv erkannt. Dazu schreibt Birgit Balzer: »Bei dem abgebildeten Gebäude handelt es sich um das von meinem Großvater Wilhelm Müller 1934 erbaute ›Gasthaus zum Finsterloh‹ in Büblingshausen. Meine Mutter Brigitte Balzer (geborene Müller) wurde 1934 als Älteste von drei Geschwistern in diesem Haus geboren. Ab 1953 hieß die Gaststätte »Zum Lindenhof«. Viele, viele Namen – und auch diverse Verwendungszwecke – hatte das Haus nach dem Verkauf durch meinen Großvater. Unter anderem waren dort der Scotch-Club, Club 99 und die Gaststäte Hax'n-Franz untergebracht. Zwischenzeitlich diente das Gebäude auch als Asylantenheim. Heute heißt es »Restaurant Kastanienhof«. Viele Jahr hatten die Wetzlarer Sportkegler auf den Bahnen im Keller ihr Domizil.

Blick von der Lahnbrücke zum Eselstreppchen im Jahr 1919.

Die Gebäude haben sich in ihrer Silhouette bis heute nur wenig verändert.

Um ein relativ bekanntes Motiv aus der Wetzlarer Altstadt handelt es sich bei diesem Häuserensemble, das auch heute als noch nahezu unverändert besteht: die Ecke Lahnbrücke/Eselsberg/Lahnstraße. Das Foto stammt aus dem Jahr 1919. Dazu schreibt Lotte Emmerich aus Wetzlar: »Es ist der Blick zum Eselstreppchen. Das Haus im Vordergrund gehörte Carl Brauneck. Seine Frau Auguste war die Schwester meines Großvaters. Sie führten ihr Geschäft mit allen Gebrauchsgütern des täglichen Lebens. Ihr Sohn Dr. Carl Brauneck war Oberstudienrat in Betzdorf, kam aber fast jedes Jahr zu Besuch nach Wetzlar und traf sich mit seinen Freunden von der Schülerverbindung ›Natalia‹. Das Geschäft wurde später von der Firma Mengersen und dann von Samen-Schmidt übernommen.« Josefine Mildebrath: »Ich kenne das linke Haus sehr gut, denn ich war dort bis zu meiner Rente beschäftigt.« Grete Reinl aus Solms schreibt: »Als junges Mädchen bin ich immer vom Domplatz zum Bus gelaufen und habe im Schaufenster des Samenhauses die Vögel betrachtet.« Eine besondere Nutzung des Hauses ist Gisela Schmidt aus Schöffengrund bekannt: »Das alte Haus war im Mittelalter ein Badehaus.« Wolfgang Raasch aus Wetzlar erinnert sich, dass im heutigen Modegeschäft im rechten Haus ein Café untergebracht war. »Im rechten Haus war früher auch noch ein anderes Geschäft«, weiß Herbert Geier aus Wetzlar: »Es war das Schuhgeschäft van Schrick-Steitz. Rechts neben dem Eselstreppchen sieht man einen Streifen des früheren Verlagsgebäudes der Wetzlarer Zeitung.«

Auch der Leitzplatz war bis Ende der 50er Jahre ein funktionierender Kreisverkehr mit Kopfsteinpflaster.

Der Leitzplatz heute als ampelgesteuerte Großkreuzung mit jeder Menge Hinweisschildern.

Der Leitzplatz im Wandel lautet das Thema. Die beiden Fotos machen deutlich, wie stark sich der Bereich gewandelt hat. Früher Kreisverkehr – heute ampelgesteuerte Großkreuzung. Damals, Ende der 50er Jahre, waren Ampeln groß in Mode, sie galten als Zeichen des Verkehrsfortschritts. Heute ist man dabei, wo immer möglich, sie wieder durch Kreisverkehre zu ersetzen. Wolfgang Pauli aus Waldsolms: »Gerne denke ich an die Zeit zurück,als ich als Lehrling jeden Morgen in Eile über den Kreisel zum Leitz-Hauptwerk musste und mich mit 1000 anderen Kollegen am Pförtner vorbeizwängte.« Aus Alabama in den USA schreibt uns Karin Davis. Unser Nostalgiebild weckte in ihr die Erinnerung an die 60er Jahre, als sie als Haushaltshilfe in Wetzlar arbeitete. Ihre Mutter, die in Schwalbach wohnt,schickt ihr regelmäßig die Wetzlarer Neue Zeitung nach Alabama. Heidrun Saalbach: »Wie sehr freue ich mich über das Nostalgiefoto vom früheren Leitzplatz. Das Haus an der rechten Bildseite aus rotem Backstein mit den weißen Randsteinen gehörte von den 30er bis in die 50er Jahre meinem Großvater beziehungsweise der Erbengemeinschaft. Dort haben meine Schwester Elke und ich den größten Teil der Kindheit verbracht. Wenn die nach dem Krieg in Wetzlar stationierten Besatzungstruppen zu Übungszwecken die Stadt verließen, mussten sie über den Leitzplatz. Das geschah stets nachts. Ein bis zwei Stunden ratterten die schweren Panzer vorbei. Unser Haus zitterte und bebte. Wir Kinder beobachteten dieses Spektakel so kurz nach dem Krieg mit großer Angst hinter den geschlossenen dunklen Fenstern.«

1955 wucherte auf diesem Gelände zwischen Sophienstraße und Langgasse noch Unkraut.

Heutiger Blick von der Commerzbank in Richtung Langgasse.

Den Sophienknoten zeigt dieses interessante Motiv von Alt-Wetzlar. Es war diesmal nicht leicht, die Lösung zu finden. Trotzdem haben es 93 Leserinnen und Leser geschafft und uns als Lösung Langgasse, Karl-Kellner-Ring oder Einmündung Sophienstraße genannt. Immerhin 18 Antworten waren leider falsch. Als das Bild von Ingeborg Befort im Jahr 1955 entstand, gab es das Gebäude der Commerzbank noch nicht – dort wucherte noch jede Menge Unkraut, wie im Vordergrund der alten Aufnahme unschwer zu erkennen ist. Das markante hohe Haus im Hintergrund ist heute noch unverändert vorhanden, aber wegen der hohen Bäume auf dem neuen Foto nur schwer auszumachen. Zwischen den beiden Gebäuden rechts und links sind neue Büro- und Geschäftshäuser entstanden.

Rätselkenner Andreas Grünes aus Solms schreibt dazu: »Das imposante Gebäude beherbergt heute das Hotel/Pension ›Domblick‹. Ganz rechts im Hintergrund ist der Turm der Hospitalkirche zu sehen. Anstelle des Hauses am rechten Rand steht heute ein großes Bürogebäude, das bis vor kurzem die AOK-Hauptgeschäftsstelle beherbergte.« Der Sophienknoten ist heute einer der meistbefahrenen Bereiche der Stadt.

Einen idyllischen Anblick bot früher die Schleusenstraße mit den sich im Wasser spiegelnden Häusern.

Der Schleusenkanal ist zugeschüttet; heute fließt der Verkehr durch die Moritz-Hensoldt-Straße.

Die ehemalige Schleusenstraße heißt heute Moritz-Hensoldt-Straße – und der Schleusenkanal, der vom Bootshaus bis zur heutigen Firma Auto-Rauch führte, gehört längst der Vergangenheit an. Das ist die Lösung für dieses Bilderrätsel. Acht Einsendungen waren falsch. Getippt wurden Flutgrabenstraße, Karl-Kellner-Ring, Nauborner Straße und Bannstraße.
Richtig lag unter anderem Werner Ziegler aus Wetzlar: »Der Kanal musste leider dem Bau des Karl-Kellner-Rings weichen, der zwischen Haarplatz und Langgässer Tor auf dem ehemaligen Kanalbett verläuft. So mancher Bootstourist wäre froh, wenn es den Kanal noch gäbe und er sein Boot nicht über zwei Lahnwehre bugsieren müsste.«
Margret Janz aus Lahnau erinnert sich: »Von 1949 bis zu meiner Schulentlassung im Jahr 1958 bin ich zweimal täglich durch die Schleusenstraße gegangen; allerdings war das Wasser zu dieser Zeit schon verschwunden.«
»Von 1928 bis 1935 bewohnten meine Eltern das Haus Schleusenstraße 4. Im Garten hinter dem Haus war eine Art Schuppen, in dem unser Faltboot gelagert wurde. Bei schönem Wetter an den Wochenenden wurde das Boot nur über die Straße getragen und etwas umständlich über die steile Böschung in den Kanal gesetzt. Die Schleuse lag etwa in Höhe der Querverbindung des letzten sichtbaren Hauses auf dem alten Foto«, weiß Hans Hauf aus Wetzlar, der sich gern an diese Zeit zurück erinnert.

Blick aus der Vogelperspektive auf die alte Lahnbrücke.

Der Blickwinkel des alten Fotos lässt sich nicht nachstellen. Identisch sind aber auf beiden Fotos die Brückenbögen.

Aus den frühen 60er Jahren stammt dieses Foto. Darauf deutet vor allem der weiße Renault »Dauphine« hin, wie Günter Debus aus Aßlar richtig festgestellt hat. Auch die Art der Straßenlaternen auf der alten Lahnbrücke weist nach Ansicht von Heinz-Dieter Fischer auf diese Zeit hin: »Als ich 1956 das Goethe-Gymnasium besuchte, gab es auf der Brücke noch die alten Gaslaternen, allerdings schon mit Strom betrieben. »Das markante Gebäude,das an die Brücke angebaut wurde, war die Schreinerei Luy. »In dem darunter befindlichen zugemauerten Brückenbogen war das Sarglager. Auf der rechten Bildseite erkennt man das Höhlmannsche Haus, das man über einen Steg über den Mühlgraben erreichte«, schreibt Werner Ziegler. Dass es sich um die alte Lahnbrücke handelt, dokumentierte Wolfgang Raasch aus Wetzlar mit einer entsprechenden Postkarte, die das Bauwerk zeigt, das 1313 erstmals urkundlich erwähnt wurde, wie Werner Cornelius aus Tiefenbach schreibt. »Beim Vorbeigehen am Haus Luy sah man in dem rechten Fenster auch die Särge«, erinnert sich Rolf Bühler und auch Hella Best: »Wenn ich dort als Kind vorbeiging, habe ich versucht, durch die Fenster zu gucken, denn dort standen die Särge.« »Das Wohnhaus im Vordergrund gehörte damals den Eltern meiner Großmutter. Es gab einen traumhaften Obstgarten mit Quitten und Mirabellen.« Das weiß der Enkel von »Omi Elly« – nämlich Georg Prüfer. Herbert Keiner aus Ehringshausen: »Ich suchte die Schreinerei Luy in dieser Zeit als Lehrling der Eisenhandlung Zisseler des öfteren auf, um bestellte Waren abzuliefern.«

Wetzlar als Stadt der Wasserwege. Das Bootshaus – vom Lahnberg aufgenommen.

Durch dichtes Gestrüpp blickt man heute auf eine Industrielandschaft jenseits des Bootshauses.

Vom Lahnbergweg aufgenommen hat der Fotograf diese Bilder unseres Rätsels. 110 Leserinnen und Leser haben das Motiv erkannt, das im Mittelpunkt das Bootshaus der Wetzlarer Rudergesellschaft zeigt, das auch heute noch als charakteristisches Bauwerk gilt.Die Rätselteilnehmer haben wieder eifrig geschrieben und auch viele nette persönliche Anmerkungen zum Thema Bootshaus, Hensoldt und Schleusenkanal gemacht. Erich Hecker aus Wetzlar schreibt: »Moritz Hensoldt lässt mit seiner Fabrik grüßen. Der Abfluss der Schleuse wird umrahmt von der Inselstraße und der Kanalstraße. Mittelpunkt ist hier die Bollerbrücke mit den Häusern Adolph und Luy.« Gefallen hat das nostalgische Foto, das vermutlich vor dem 2. Weltkrieg aufgenommen wurde, auch Rainer Tonn aus Heuchelheim: »Man könnte es fast ›Klein-Venedig‹ nennen.« Genau hingeschaut hat auch Horst Koppel aus Bonbaden: »In der Bildmitte rechts befinden sich die Gebäude der Firma Hensoldt und im Hintergrund rechts das Buderus-Verwaltungsgebäude sowie Produktionsstätten.«

Noch nicht viel zu sehen ist vom heutigen Wohngebiet Dalheim, das sich erst später auf den Hügeln im Hintergrund ausbreitete. Hartmut Hubert aus Ehringshausen vermutet, dass die Aufnahme nach 1922 entstanden ist, denn die Hensoldt-Gebäude wurden im Jahr 1922 gebaut. Ein ganz kleines Detail hat Rigo Hewel erkannt: »In der Bildmitte lugt das Türmchen des Sargesschen Hauses hervor.«

Eine Idylle bot in den 50er Jahren die Kreuzung Gloëlstraße/Bannstraße.

Viel Verkehr herrscht heute auf der Kreuzung. Im Hintergrund die Hochstraße, rechts das Herkules-Center.

»Dies war einmal eine Oase der Erholung«, schreibt Hans-Jürgen Büchner zu diesem Foto, das die Kreuzung Bannstraße/Gloëlstraße in den 50er Jahren zeigt. »Herzlichen Glückwunsch zu dieser seltenen Aufnahme«, schrieb Norbert Ruppik: »Man kann noch die Brücke über den später verrohrten Dillarm erkennen, der hinter dem Union-Parkhaus in die Lahn mündet und von Buderus als Kühlwasser genutzt wurde. Dahinter sehen wir die Gebäude und das Gelände der früheren Gärtnerei Werkmeister.In einem der Häuser auf der linken Seite ereignete sich beim Ausbau der Bannstraße eine Gasexplosion, die sogar Tote forderte.« Eckhard Sattler: »Das Foto von Friedrich Nolte ist mir vertraut. Wir wohnten damals in der Bannstraße 20. Die zwei Personen auf der linken unteren Seite überschreiten die Brücke der so genannten kleinen Dill. Im Hintergrund rechts sind noch die Schornsteine des damlaigen Herkules-Werkes zu sehen.« Eine große Freude haben wir mit diesem Foto Roswitha Köster aus Schöffengrund gemacht. Sie schreibt: »Auf dieses Foto habe ich schon seit Beginn der Serie gewartet, weil ich selbst eine solche Aufnahme leider nicht besitze. Ich bin im Haus Bannstraße 24 zusammen mit meinen beiden Brüdern aufgewachsen. Es handelt sich um ein Werkshaus von Buderus. Ich habe dort seit meiner Geburt 1954 bis 1995 gewohnt. In dem letzten Haus auf der rechten Seite befand sich die Wirtschaft ›Grosche-Jakob‹.« Heinz Kopp dazu: »Im Haus hinten rechts schenkte Herbert Pausch beim ›Grosche-Jakob‹ ein vorzügliches Bier aus.«

Blick auf den Güterbahnhof und die Auffahrt zur alten Bahnüberführung nach Niedergirmes. Das Foto entstand an einem Sonn- oder Feiertag.

Die Hochstraße versperrt heute den Blick auf den Bahnhofsbereich, wo das neue Einkaufszentrum »Forum« entsteht.

Mit einer 6 x 9-Plattenkamera hat Paul Grümer diese Aufnahme geschossen, die die Kreuzung Bahnhofstraße/Bannstraße mit dem Güterbahnhof im Mittelpunkt zeigt. Besonders viel Mühe hat sich Dr. Detlef Pagel aus Wetzlar gemacht. Der Diplom-Physiker hat das Foto mit Skizzen ergänzt und einen Lageplan angefertigt, dem der Stadtplan von Wetzlar aus dem Jahr 1961 im Maßstab 1 : 10 000 zugrunde liegt. Pagel hat auch erkannt, dass auf der Anhöhe das Ausflugslokal »Schauinsland« auf dem Simberg thront. Burckhard Klötsch aus Wetzlar: »Man könnte das Foto auch als ›Autofreier Sonntag‹ betiteln.« Klaus Neumann hat guten Grund, sich zu erinnern: »Ich habe damals Anfang der 60er Jahre allabendlich meine damalige Freundin und heutige Ehefrau mit dem Moped bei der Firma Prophete abgeholt. Genau über der Laterne der Verkehrsinsel sieht man die Sägezahndächer der Firma Philips.« Auch das Haus Schnierle am linken Bildrand haben die meisten Rätselfreunde erkannt. Ingrid Glaser: »An der Stelle, wo der Güterwaggon steht, sind wir am 1. Mai 1946 mit einem Heimatvertriebenen-Transport aus dem Sudetenland in Wetzlar eingetroffen. Wir fühlen uns mit der Stadt sehr verbunden und haben sie lieb gewonnen.« Wie genau unsere Leser hinschauen, beweist Karl-Ernst Ufer: »Der größere Lkw im Vordergrund des Güterbahnhofs ist ein Krupp Titan, dahinter steht ein Henschel oder Büssing. Der Radbagger ist ein Fuchs 301 mit erhöhter Fahrerkabine.« Dagegen meint Friedrich Nolte, bei dem zweiten Laster handele es sich um einen Mercedes-Benz.

Wo einst Walter Kersten den noch spärlichen Verkehr steuerte, sorgen heute auf dem Buderusplatz Ampeln für Sicherheit.

Die beiden Gebäude im Hintergrund haben sich in 40 Jahren äußerlich kaum verändert. Das Haus Watermeyer (rechts) wird umgebaut.

Walter Kersten heißt der Polizist, der am Buderusplatz etwa im Jahr 1960 den Verkehr regelt. Dazu hat sich Kersten auf den kleinen Fahrbahnteiler gestellt, der in den damaligen Kreisverkehr führte. Martin Otto aus Wetzlar: »Walter Kersten war in der Tat ein Respekt einflößender Polizist. Mir hat er mal in der Frankenstraße die Leviten gelesen, nachdem ich in der Stoppelberger Hohl freihändig auf dem Fahrrad gefahren bin. Ich war etwa 13 Jahre alt und hatte nicht bemerkt, dass Kersten mir mit dem Polizeiauto bis vor mein Elternhaus gefolgt war.« »Der Polizist ist mein Onkel Walter Kersten, der erfolgreicher Torwart bei der Eintracht Wetzlar war und auch den Leichtathleten der 50er Jahre als Platzwart des Stadions in Erinnerung sein wird«, lässt uns Bernd Müller aus Rechtenbach wissen. Rudolf Blaha: »Das Haus beherbergte auch die Praxis der Hautärztin Dr. Sarges.« Das hat auch Ingeborg Befort aus Oberbiel erkannt, der die Hautärztin bei einem langwierigen Hautleiden sehr geholfen hat. Elke Schmidt: »Ich dachte beim ersten Hinsehen schon, dass ich den Polizisten kenne und durchsuchte alte Bildbestände von meinem Vater, der zu dieser Zeit auch bei der städtischen Polizei war. Auch mein Vater regelte dort ab und zu den Verkehr. Wenn ich mit meiner Mutter in der Stadt war, dann war ich stolz, wenn ich von ihm über die Straße geleitet wurde.« »Der Polizist regelt den mäßigen Verkehr über den heute sehr belebten Buderusplatz. Ich habe von 1952 bis 1966 in der Bahnhofstraße gearbeitet und ging hier in der Mittagspause spazieren«, schreibt Anna Hajdu aus Lahnau-Atzbach.

Ein typisches Bild von Alt-Wetzlar zeigt das Eselstreppchen zu Beginn des 20. Jahrhunderts.

Die Neuzeit am Eselstreppchen hat viel von der früheren Idylle verloren.

Das Eselstreppchen zeigt dieses Nostalgie-Foto. Ganz präzise beschrieben hat Norbert Ruppik das damalige Geschehen: »Den Namen bekam der Bereich wegen der Esel, die hier die Mehlsäcke von den Lahnmühlen her schleppten. Das alte Fachwerkhaus war die städtische Mehlwaage. Links davon stand das Haus Bersch.

Beide Häuser wurden im Krieg zerstört. Im Hintergrund sieht man die großen Barockhäuser Ortenbach und Grünes Laub. Am rechten Bildrand erkennt man eine verschieferte Hausecke. Das Foto wurde also vor dem Neubau der Schnitzler'schen Druckerei um etwa 1910 aufgenommen.«

Maik Pollaschek aus Aßlar: »Das Eselstreppchen am Eselsberg verbindet die Weißadlergasse mit der alten Lahnbrücke. Der Name stammt von den Eseln, die Mehl und Getreide zu der Mehlwaage transportierten.«

Keine Probleme mit der Lösung hatte auch Maria Faber: »Da brauchten diesmal weder ich noch meine neunjährige Tochter Meike lange überlegen. Meike fand, es habe früher viel gemütlicher ausgesehen. Sie machte sich nur Sorgen, ob all diese Kinder auf dem Foto denn schon arbeiten müssen.« Peter König aus Wetzlar machte sich die Mühe und fertigte eine Skizze von dem Bereich rund um das Eselstreppchen an. »Das kleine Häuschen unter dem Grünen Laub und die Mehlwaage sind 1944 Bombenangriffen zum Opfer gefallen. Zum Autor des Bildes vermute ich, dass es sich um Oskar Barnack oder den Wetzlarer Hofphotographen Max Spalke gehandelt haben könnte«, schreibt Klaus Neumann.

Blick auf den Säuturm mit seinen zwei Torbögen, die der Vergangenheit angehören.

Blick aus der Butzbacher Gasse auf die Reste der Stadtmauer und den Turm.

Den Säuturm zeigt dieses Rätselfoto. Falsch waren hingegen Lösungen wie Zehntscheune/Franziskanerstraße. Und wieder geriet unser Rätsel zu einem kleinen Exkurs in Sachen Heimat- und Stadtgeschichte. Auch die Frage,warum der Säuturm so heißt, beschäftigte unsere Leser. »Dieses schöne Motiv sehe ich täglich aus meinem Küchenfenster«, schreibt Birgit Wojtynowski aus der Obertorstraße. »Säuturm deshalb, weil an dieser Stelle die Wetzlarer ihre Schweine vor die Stadtmauer trieben. Vorher hieß der Turm Schneiderturm. Von diesem Teil der Stadtmauer verteidigten die Schneider die Stadt. Jede Zunft musste einen bestimmten Teil der Stadtmauer baulich erhalten und im Angriffsfall schützen.« Thomas Moser: »Der Durchbruch der Ringmauer in der Turmstraße entstand etwa 1910/11. Stadtmauer und Wehrgang wurden durch Bomben zerstört.« Prof. Dr. Nando Belardi aus Bergisch Gladbach schreibt: »Als Mitglied der Pfadfinder vom Stamm Greif habe ich mich Ende der 50er Jahre oft im Säuturm aufgehalten. Schon damals gab es nicht mehr die auf dem Foto abgebildete Verbindung zwischen Obertorstraße und Turmstraße.« Ingeborg Befort aus Oberbiel: »Soviel mir bekannt ist, hat der Name nichts mit weidenden Schweinen zu tun, sondern rührt von der Lage des Turms und der Stadtmauer nach Süden her. Bis heute unvergesslich ist mir der 21. November 1944, als bei einem Bombenangriff Teile der Stadtmauer und der Goldfischteich zerstört wurden.« »Das Foto zeigt den einzigen erhaltenden Turm der mittelalterlichen Stadtbefestigung Wetzlars«, schreibt Werner Brandl aus Lahnau-Dorlar.

In den 20er Jahren herrschten in der Neustadt Kopfsteinpflaster und viele Bäume vor.

Heute ist die Neustadt eine breite Straße mit wenig Charakteristik.

Die Neustadt war das Motiv in dieser Folge unseres Rätsels. Alle 105 Teilnehmer haben die ehemalige »Neue Stadt« erkannt, die damals (etwa in den 20er Jahren) noch sehr idyllisch wirkte. Helmut Krämer erinnert sich, dass »wir auf diesem Wege in den 50er Jahren oft zu den Sportveranstaltungen am Klosterwald gelaufen sind«. Karl Schäfer aus Dutenhofen: »Bei der Tankstelle handelt es sich um die des Autohauses Heinrich Günther Erben.«

»Das Fachwerk links hinten ist die Scheune von Landwirt Weitkamm. Später befand sich dort die Schreinerei Pixa. Das große Gebäude dahinter war der Zimmer- und Sägeplatz der Firma Mohr«, schreibt Karl-Heinz Kramer. »Das Bild weckt schöne Erinnerungen an meine Kindheit«, schreibt Hella Brisch: »Mein Schulweg führte durch die Neustadt, und wenn ich im heißen Sommer von der Spilburg kam, wo ich die Lotteschule besuchte, war ich froh, dass die mächtigen Platanen in der Neustadt mir etwas Schatten spendeten.« Burckhard Klötsch: »Ich selbst, Wetzlarer des Jahrgangs 1949, kenne diese Straße nicht mehr mit Kopfsteinpflaster, sondern schon mit Teerdecke. Als Dachdeckerlehrling war Christian Moosberger aus Atzbach im November 1944 in Wetzlar tätig. »Ich arbeitete auf einem beschädigten Dach in der Falkenstraße. Plötzlich ging in der Neustadt ein Zeitzünder hoch; und zwar genau an der Stelle, an der ich 15 Minuten zuvor gestanden hatte. Beim Betrachten des Bildes fiel mir nach 58 Jahren das Erlebnis mit dem Zeitzünder in der Neustadt wieder ein.«

Früher blätterte am Fischmarkt der Putz ab. Wahrlich kein Schmuckstück für die Altstadt.

Heute ist der Fischmarkt schickt herausgeputzt. Nur das Haus im Hintergrund wartet noch auf die Sanierung.

»De Baafer« nannten die Gäste ebenso respektwie liebevoll den langjährigen Wirt Heinrich Freitag der Gaststätte »Bömisch Eck« am Wetzlarer Fischmarkt. Das war die Lösung dieser Folge unseres Bilderrätsels. Viele Leser haben sich mit der Gaststätte »Bömisch Eck« (nicht »Böhmisch«!) beschäftigt, in dem die Familie Freitag das Regiment führte. »Im Volksmund hieß die Wirtschaft allgemein ›Baafer‹. Dort herrschten eigene Gesetze. Man betrat das Lokal ordentlich und ruhig, grüßte den Wirt, der stets hinter dem Tresen stand, mit leichtem Kopfnicken und nahm möglichst ruhig Platz. Der Chef kam an den Tisch und nahm die Bestellung auf. Der ›Handkäs mit Mussick‹ wurde von Frau Freitag nach eigenem Rezept hergestellt. Es ging die Legende, wenn man Herrn Freitag richtig wütend machen wollte, so brauchte man nur in das Lokal stürmen und rufen: ›Tach, Herr Baafer, mache se mir mol en schnelle Schoppe.‹ Dann sei man schneller wieder draußen gewesen, als man reingekommen war.« Diese amüsante Schilderung stammt von Klaus Neumann. »Das Foto müsste Ende der 40er, Anfang der 50er Jahre entstanden sein«, vermutet Hannelore Seidler, deren Großeltern dort wohnten. »Im Hintergrund sieht man das ›Koche Treppche‹, das vom Fischmarkt zur Krämerstraße führt«, hat Klaus Wendt erkannt. Manfred Schwarz ist irritiert über das Schild auf dem Nostalgiebild, das Verbot der Einfahrt bedeutet: »Gab es damals einen Fahrweg vom Fischmarkt zum Eisenmarkt oder zur Krämerstraße (oder zum Brodschirm)? Sonst wäre das Schild sinnlos.« Heute steht dort – korrekt – ein Schild für Sackgasse.

Reges Treiben auf dem Eisenmarkt früherer Tage.

Bis auf die Verschieferung hat sich an dem Häuserensemble nicht viel verändert.

Der Eisenmarkt war der gesuchte Begriff in dieser Folge unseres Bilderrätsels »(Er)kennen Sie Wetzlar«. Viele unserer Leser und Rätselfreunde erinnern sich an das Lebensmittelgeschäft von Schade & Füllgrabe, das sich in der Bildmitte im so genannten Haus »Zur Halle« befand. Ulla Schneider schreibt dazu: »Ich erinnere mich noch deutlich, wie ein Einkauf im Jahr 1960 vor sich ging: Keine Einkaufswagen, keine Selbstbedienung. Die drei Innenwände des Ladens waren bis unter die Deck bedeckt von offenen Fächern und Schubladen. Davor war in U-Form die Ladentheke. Da stand man als Käufer geduldig an, bis man vom (meist) weiblichen Verkaufspersonal bedient wurde.«

»Von unserer Verwandtschaft in Denver (US-Bundesstaat Colorado) wissen wir, dass der Eisenmarkt in den dortigen Reiseführern auch als besondere Sehenswürdigkeit in Deutschland erwähnt wird«, schreiben Detlef und Christa Hasselbach. »Ich habe von 1949 bis 1952 als Stift (Azubi) bei Schade gedient. Es war zwar ein schwere Lehre, aber in puncto Ausbildung im Lebensmittelhandel und Feinkost das Beste«, weiß Hans Werner Kornder. Gut in Erinnerung ist auch Friedel Moos das Fachwerkhaus mit den Schaufenstern von Schade & Füllgrabe: »Hier habe ich in der Lehrzeit 1955 bis 1958 für meinen Seniorchef Georg Daum aus der Langgasse Wein und Schnaps holen müssen.«

Nicht gerade einen erfreulichen Anblick bot früher der Brodschirm, an dem Wetzlars ältestes Fachwerkhaus liegt.

Rechts ragt das massige Stadthaus am Dom empor, links sind die Häuser des Brodschirms renoviert worden.

»Brodschirm« heißt das Lösungswort zu dieser Rätselfolge über Stadtansichten von Alt-Wetzlar. Alle Einsender lagen richtig und erkannten den abschüssigen Brodschirm, die Verbindung zwischen Domplatz und Eisenmarkt.

»Der Name Brodschirm kommt von Brotschirn, weil die Häuser hier früher Verkaufsstände, so genannte Schirne, zum Verkauf von Waren hatten. Das Haus etwa in der Bildmitte mit den vorkragenden Geschossen nach oben ist das älteste Fachwerkhaus in Wetzlar aus dem Jahr 1356«, schreibt Klaus Wendt. »In dem Haus in der Bildmitte betrieb die Familie Will eine Flaschenbierhandlung. Die Häuser auf der linken Seite wurden im Rahmen der Altstadtsanierung abgerissen. Die Häuser Richtung Domplatz wurden aufwändig saniert«, schreibt Norbert Ruppik.

Dieter Kling: »Die Straße,die eigentlich Brotschirn heißen müsste, liegt im mittelalterlichen Handelsviertel mit Buttermarkt, Fischmarkt, Krämerstraße, Gewandsgasse, Schuhgasse und Eisenmarkt.«

»Zum Teil wurde auch aus den Fenstern im Erdgeschoss verkauft, indem der Laden herunter geklappt und darauf verkauft wurde. Die Stadt kassierte dafür Pacht in Form des Fenstergeldes«, schreibt Thomas Moser.

Das Ingelheimsche Palais diente als Kaserne.

Heute sind im ehemaligen Postamt Wohnungen und Büros.

Die Post war einst im Herzen der Wetzlarer Altstadt untergebracht. Und zwar ab dem Jahr 1883/84 – bis dann Anfang der 90er Jahre auch die dort noch verbliebene Filiale in der Hauser Gasse geschlossen wurde. Das ehemalige Kasernengebäude ist das Motiv dieser Rätselfolge. Viele unserer Leser konnten sich – teils wehmütig – an dieses vergangene Stück Post-Geschichte in Wetzlar erinnern. Lesen Sie bitte Auszüge aus den insgesamt 111 Zuschriften, die alle richtig waren: »Ich kenne dieses Gebäude noch gut als Hauptpost, denn jeden Mittag habe ich als Lehrling die Post für die Firma abgeholt«, erinnert sich Anna Hajdu aus Atzbach. Die verschiedenen Institutionen, die in dem Gebäude untergebracht waren, listet Ernst Lippert aus Wetzlar auf: »Früher Kaserne, später Telegrammannahme mit Rohrpost ,Postamt mit Telefonauskunft, das Fernamt mit Handvermittlung, die Entstörungsstelle und die automatische Vermittlungsstelle des Fernmeldeamts Gießen.«
Was noch vor dem alten kaiserlichen Postamt in der Hauser Gasse stand, weiß Rudolf Blaha: »Es war das Ingelheimsche Palais, das bis zum Jahre 1877 als Kaserne der 8. Rheinischen Jäger diente.« »Ab 1784 residierte dort das Reichskammergericht, von 1817 bis 1877 Kaserne, wurde das Gebäude 1879 von der Post gekauft«, ergänzt Heinrich Erhard aus Naunheim. An das Innenleben der Post erinnert sich Ulla Schneider: »Es gab eine großzügige Schalterhalle mit dem geheimnisvollen Holzkasten gleich vorne rechts, dessen Klappe man öffnete, um ein Päckchen hineinzuwerfen, das dann am Boden in einem Wäschekorb landete.«

Die Krämerstraße in den 40er Jahren.

Als beliebte Einkaufsstraße zeigt sich die Krämerstraße heute.

Die Krämerstraße war das Motiv dieser Rätselaufgabe. 127 Leserinnen und Leser erkannten die »typische Wetzlarer Altstadtstraße«. Karlheinz Wörner schreibt: »Durch die Krämerstraße mit Blick zum Eisenmarkt fuhren noch in den 50er Jahren Wetzlars Goetheschule-Oberstufen-Pennäler in den VWs ihrer Väter Ehrenrunden, um den dort promenierenden Lotte-Schülerinnen zu imponieren.« Dieter Dornbusch (Jahrgang 1938): »Auf dem Bild – Aufnahme um 1936/38 – ist rechts mein Elternhaus mit der Drogerie Emil Dornbusch, die damals noch meinen Großeltern gehörte, zu sehen. Darunter Klabundes Textilien, und dann kommt Höltings Reformhaus. Danach folgt das Textilgeschäft Röder und Müller. Auf der anderen Seite das Friseurgeschäft Willershausen.« Karl Bepler aus Lahnau: »Das stimmungsvolle Bild zeigt im Hintergrund das Café Alte Münz. An der linken Häuserfront sind Hakenkreuzfahren zu erkennen. Die friedliche Idylle lässt den Schluss zu, dass die Aufnahme in der Vorkriegszeit entstanden ist.« Klaus Heinecke aus Braunfels schreibt: »Im Hintergrund zeigt das Foto den Eisenmarkt, den Mittelpunkt der Welt, wie ein im Straßenpflaster eingelassener Stein beweist.« Hermann Roth aus Sinn-Edingen: »Das große E in der Bildecke rechts deutet auf die ehemalige Metzgerei Emmerich hin.« Etwas anderes in Erinnerung hat Susanne Dornbusch: »Das Haus am rechten Bildrand ist das Elternhaus meines Vaters. Dort befand sich bis in die 70er Jahre die Drogerie Dornbusch. Oben erkennt man noch den Anfang des Schriftzugs Emil Dornbusch meines Urgroßvaters.«

Das alte »Goldene Ross« war größer als der Ersatzbau.

Das ehemalige Bickener Rathaus ziert heute den Eingang zur Langgasse.

Das »Goldene Ross« war diesmal das Lösungswort und wir erhielten besonders viele Geschichten rund um das Gasthaus, das zu den markantesten Gebäuden der Stadt gehört und auch als das »bemalte Haus« bezeichnet wurde.

»Oft war ich dort mit meinem Schulkameraden Hans Dieter Ulm in den Pferdeställen von Opa Berghäuser. Viele Wetzlarer werden sich sicher an ihn und seine von Schimmeln gezogene Kutsche erinnern«, schreibt Dr. Uwe Grebe aus Wetzlar, und Doris Aßmann aus Münchholzhausen meint: »Ein schöner Ersatz für das markante Haus ist das tolle Fachwerkhaus aus Bicken mit der Gaststätte Goldenes Ross.« »Auf dem Foto ist die ursprüngliche Fresko-Bemalung sichtbar. Das Haus wurde von Fresko-Maler Rupp bemalt, der auch die Hospitalkirche ausgemalt hatte. Im Jahr 1970 brannte das Haus aus und wurde dann abgerissen«, weiß Norbert Ruppig aus Wetzlar. Karl-Ernst Ufer aus Weinbach schreibt: »Das abgebrannte Haus wurde durch das Bickener Rathaus ersetzt. Der damalige Leiter des Stadtplanungsamts, Hans Walter, war Bickener Bürger. Er fädelte den Handel ein. Zu bemerken ist, dass von dem abgebrochenen Bickener Rathaus nur noch wenige Teile zu verwenden waren. Lediglich die Eckpfosten sind noch original, der Rest ist neu. Das heutige Goldene Ross steht nicht unter Denkmalschutz.«

»Das Bild zeigt, wie wunderschön das Gebäude früher bemalt war. Leider existiert es in dieser Form nicht mehr. Es ist immer schön, von Zeitzeugen etwas über die Geschichte Wetzlars zu hören und zu lesen«, schreibt Nicole Kaluscha aus Hüttenberg.

Kopfsteinpflaster und Pferdeäpfel bestimmen das Bild der Chaussee nach Steindorf in Höhe der »Starken Weide«.

Heute zählt die Ernst-Leitz-Straße zu den wichtigsten Einfallstraßen in die Stadt.

Nicht die Nauborner Straße, wie 14 Rätselfreunde tippten, sondern die Ernst-leitz-Straße aus Richtung Steindorf in Höhe der »Starken Weide« zeigt das Foto aus der Sammlung von Christian Kremp. Dazu Heidi Teßmer aus Wetzlar: »Diesmal kam mir das Foto sehr bekannt vor; aber ich konnte es zuerst nicht einordnen. Doch dann wusste ich es: Der große Baum links gehört zur Starken Weide. Diesen Weg bin ich als Kind unzählige Male gelaufen, da ich die ersten 22 Jahre meines Lebens in der Braunfelser Straße verbracht habe.«
»Das Bild scheint vor 1936 entstanden zu sein, ansonsten könnte man im Hintergrund die Leitz-Gebäude sehen«, schreibt Nicole Kaluscha aus Hüttenberg, die auch noch eine Zeitzeugin zitiert: »Ende des 2. Weltkriegs ist ein Musikkorps in der Parkanlage bei einem Luftangriff schwer getroffen worden. Laut Aussage der Augenzeugin hingen viele Soldaten tot in den Bäumen.«
»In Höhe des Standorts des Fotografen war auf der rechten Seite ›Göth's Garten‹, ein beliebtes Ausflugslokal; heute ist dort ein Kindergarten«, weiß Klaus Heinecke aus Braunfels. Gudrun Eckhard aus Schöffengrund schildert ihre Erlebnisse: »Im Hintergrund links war die Firma Kremp, wo mein Großvater als Schreiner beschäftigt war. Meine Eltern wohnten dort mit den Großeltern, und ich bin 1950 im Dachgeschoss des Hauses Ernst-Leitz-Straße 50 auf die Welt gekommen. Gegenüber stand die Druckerei Scharfe. Jetzt ist dort die Zivildienstschule. Im Garten des Lokals haben wird als Kinder im Herbst immer Kastanien gesammelt und sie dann einem Jagdpächter verkauft.«

1935 musste das Hausertor dem ständig wachsenden Verkehrsaufkommen weichen.

Heute gibt es in der Hausertorstraße mehr Platz für Fahrzeuge und Fußgänger.

128 Rätselfreunde lagen richtig bei dieser Folge unseres Bilderrätsels. Falsch waren zwei Einsendungen, die sich auf die Jäcksburg und den Säuturm bezogen. Die richtige Lösung: Hausertor und Hausertorstraße (in Richtung Garbenheimer Straße). Kurt Jakob: »Diese Aufnahme muss wohl Anfang des 20. Jahrhunderts aufgenommen worden sei. Seit meinem fünften Lebensjahr wohne ich in Wetzlar. Das sind schon 50 Jahre, und ich kann mich an diese Ruine nicht mehr erinnern.« Hella Brisch meint: »Es war im März/April vor dem Krieg. Ich erinnere mich noch an den Abbruch.« Exakt hat es Karl-Heinz Ravizza beschrieben: »Das Bild ist zwischen dem 12. und 24. April 1935 entstanden. Im Verwaltungsbericht der Stadt Wetzlar vom 1. April 1928 bis 31. März 1952 ist auf Seite 528 nachzulesen: Das äußere Hausertor (Ziegelpforte) war am 12. 4. 1935 als Verkehrshindernis gesprengt worden, wobei aber nur der lahnwärts stehende Pfeiler stürzte; der stehen gebliebene Rest des Tores fiel am 24. 4. 1935 nach einer weiteren Sprengung.«
Dr. Ulrich Mayer schreibt: »Das Foto zeigt Reste des ›Äußeren Hausertors‹, das auch ›Ziegelpforte‹ oder später einfach ›Hausertor‹ genannt wurde. Das Bild stammt aus dem Jahr 1935 und wurde laut dem Buch von August Schönwerk (Geschichte von Stadt und Kreis Wetzlar, S. 104) als Verkehrshindernis abgebrochen.«
Karl-Ernst Ufer: »Hinter dem Baum in der Mitte war die Brauerei Guht. Mein Opa hat erzählt, dass er im Winter mit seinen Bauarbeitern für Guhts Brauerei Eis gebrochen hat. Man stelle sich vor, dass damals die Lahn noch richtig zugefroren war!«

Auf der linken Seite des historischen Fotos ist der frühere Schützengarten zu erkennen.

Über allem der Kalsmunt: die jetzigen Neubauten rund um das Kalsmunttor.

Leitzwerk und Schützengarten zeigt das Foto dieser Rätselfolge. Eine präzise Bildbeschreibung lieferte Udo Schneider aus Nauborn: »Das Foto stammt etwa aus dem Jahr 1905. In der Bildmitte an der Straße sieht man das alte Wohnhaus der Familie Leitz. Rechts daneben ist der um 1888 errichtete rote Ziegelbau. Ganz links im Bild befindet sich der damalige Schützengarten, und oben über den Gebäuden sieht man den Kalsmunt.« Eine nette Anekdote steuerte Werner Cornelius aus Tiefenbach bei: »In der Anmeldung des Verwaltungsgebäudes Laufdorfer Weg 2 schwang das ältere Fräulein Knoche das Zepter; unterstützt von Fräulein Wolf, einer blonden Schönheit. Im Schützengarten wirtschaftete Emil Beuttenmüller mit seiner humorvollen, zupackenden Frau.« Klaus Kuhlmann aus Leun: »Das Gebäude rechts vom Kalsmunttor ist bis heute fast unverändert geblieben.«

»Im Schützengarten war lange Jahre die Kantine der Firma Leitz. In dem Keller wurden auch die Hilfspakete an die Leitzianer verteilt, die von Amerikanern und Kanadiern gespendet worden waren«, erinnert sich Werner Georg aus Garbenheim. Auf ein anderes Detail blickt Franz Rech aus Schöffengrund zurück: »In dem linken Gebäude wurden für die Familienangehörigen der Firma Leitz Theaterstücke aufgeführt.« »In der Bildmitte sieht man das Kalsmunttor. Es ist heute das letzte noch erhaltene Stadttor und war früher das Außentor der Vorstadt Silhofen«, meint Dieter Kling. Anders sieht das Ulla Schneider aus Wetzlar: »Das Kalsmunttor war nie ein Stadttor, sondern gehörte zur Wehranlage der staufischen Vogtsburg Kalsmunt.«

Dieses schöne Foto zeigt einen Blick auf den Kalsmunt – von der Bergstraße aus aufgenommen.

Wo früher die Gärtnerei Linsenmayer war, befindet sich heute eine Tankstelle, die inzwischen von Grün auf Blau »umgefärbt« wurde.

Linsenmayers Gärtnerei steht im Zentrum des nostalgischen Bildes. Anni Mayland (82), die Enkelin des Gründers der Gärtnerei Linsenmayer, die sich auf dem Gelände befand, wo heute eine Tankstelle ist, erinnert sich: »Mein Vater ist früh verstorben, und deshalb mussten meine Schwester und ich in der Gärtnerei und im Laden meiner Mutter helfen. Es war immer ein weiter Weg vom Wohnhaus bis in den Laden, wenn die Kunden klingelten«, erinnert sich die alte Dame, die heute im Kirschenwäldchen lebt.
Familiäre Beziehungen zu dem Foto hat Rosi Sarges aus Wetzlar: »Links ist die Gärtnerei Linsenmayer, die mein Vater Walter Birker im Jahr 1952 übernommen hat. Dort habe ich meine Kindheit verbracht. 1960 wurde die Tankstelle gebaut. Der Blumenladen kam dann an die Ecke, wo ihn meine Eltern bis 1976 betrieben. Dann zog der ADAC dort ein.« Annelies Gartmann-Scheerer schreibt: »Ach, was war Wetzlar einst doch so schön. Links im Bild ist die Lauerstraße. Wo einst die hübsche Gärtnerei war, befindet sich heute die Tankstelle. Auch das Wetzbach-Mäuerchen ist zu sehen. Mit dem beliebten Bilderrätsel war mir so, als wäre ich erst gestern an dieser Stelle gelaufen. Ich meine, dass es 1959 oder 1960 dort noch so ausgesehen hat.«
»Zu meiner Freude entdeckte ich auf der rechten Seite des Bildes, links von den Bäumen, den Giebel meines Elternhauses und das davor befindliche Werkstattgebäude der ehemaligen Dreherei Streblow. Das Anwesen wurde 1934 von meinem Großvater Albert Streblow in der Solmser Straße 3 erbaut«, schreibt Inge Streblow-Schepeler.

Im Sonnenlicht präsentiert sich ein menschenleerer Domplatz.

Bis auf die Autos hat sich das Bild des Domplatzes aus dieser Perspektive nicht gewandelt.

Das Foto aus ungewöhnlicher Perspektive zeigt den Domplatz mit Blick in die Schwarzadlergasse. Ganz genau Bescheid weiß wieder Thomas Moser: »In der Bildmitte sehen wir das ehemalige Wetzlarer Rathaus am Fischmarkt. Später wurde es von 1756 bis 1782 die so genannte ›Alte Kammer‹ (Reichskammergericht) mit dem doppelköpfigen Reichsadler. Vor diesem Haus hat um 1700 Doktor Eisenbarth seine ›ärztliche Kunst‹ ausgeübt.«

Etwas anders sieht das allerdings Inge Nissel aus Wetzlar: »In dem Haus links befand sich bis 1840 der Gasthof ›Zum Kronprinzen‹. In der Bildmitte sieht man das ehemalige Wetzlarer Rathaus, welches im Jahr 1690 dem Reichskammergericht bis 1806 zur Verfügung gestellt wurde.« Wer hat wohl Recht? Liesel Schneider aus Leun-Biskirchen schreibt: »Dort, wo die Baulücke zu sehen ist, stand das Herzogliche Haus, in dem Herzogin Amalie von Württemberg von 1818 bis 1829 lebte. Danach wurde das Haus ein Hotel.«

Dieter Kling aus Wetzlar: »Das Herzogliche Haus wurde bei den Luftangriffen Ende des 2. Weltkriegs so schwer beschädigt, dass es abgerissen werden musste. Die Aufnahme ist also kurz nach dem Krieg entstanden. Geradeaus am Fischmarkt sieht man die Alte Kammer, das mittelalterliche Rathaus der Stadt Wetzlar.« Dagmar Kaltwasser aus Wetzlar: »Ich habe ab 1959 meine Kindheit und Jugend im ehemaligen Reichskammergerichtsgebäude (Fischmarkt 13) verbracht. Zehn Jahre wohnte ich mit meiner Mutter im vierten Stock. Das Fenster ging nach hinten hinaus, wo man einen schönen Blick über die Dächer der Wetzlarer Altstadt hatte.«

Viele meinen, dass der Bereich des Bebelplatzes früher schöner aussah als heute.

Der Bebelplatz präsentiert sich auch heute noch mit parkähnlichem Charakter.

Den Bebelplatz zeigt das historische Foto. »Über das heutige Bild habe ich mich sehr gefreut. Was für ein schöner, gepflegter Bebelplatz. Auch die Häuserzeile der Hauser-Tor-Straße sah sehr gut aus. Leider fand die Pracht am 8. März 1945 ein Ende, als ein Bombenteppich über diesem Stadtviertel abgeworfen wurde, wobei auch der Dom in Mitleidenschaft gezogen wurde. Auch unser Haus im Hintergrund war teilweise beschädigt. Das Haus davor mit dem Türmchen und das Haus im Vordergrund hatten einen Volltreffer«, schreibt Brigitte Sahm, die heute noch in der Hauser-Tor-Straße wohnt. Andreas Ströbel aus Berghausen: »Über das Bebel-Denkmal gibt es viel zu erzählen. Die Wetzlarer SPD ehrte ihren großen Führer bereits am 30. April 1922 durch eine Marmortafel mit Bronzerelief des Bebel-Kopfes. 1928 wurde die Gedenktafel dann auf einen Findling eingelassen; beide verschwanden 1933. Am 1. Mai 1950 wurde das Bebel-Denkmal zum dritten Mal feierlich enthüllt. Später waren wieder Diebe am Werk, so dass am 13. August 1983 eine vierte Enthüllung nötig wurde. Die Festrede hielt damals Herbert Flender.« Christa Köhler, die heute in Iserlohn wohnt, erinnert sich: »Oft ging ich vom Bebelplatz aus ins Rosengärtchen zu den Festspielen. Als Statistin durfte ich gemeinsam mit Mitschülerinnen der Lotteschule in ›Penthesilea‹ mitwirken. Die Hauptrolle spielte Lieselotte Schreiner vom Wiener Burgtheater.« Heidi Teßmer schreibt: »Diese Folge des Bilderrätsels zeigt wieder einen Teil meiner Kindheit. Dort am Bebelplatz habe ich mit meiner Freundin mit dem Puppenwagen gesessen.«

Die Engelsgasse bietet ein typisches Bild von Alt-Wetzlar. Stattliche und kleinere Bauten wechseln einander ab.

Heute herrscht in der Engelsgasse freigelegtes Fachwerk vor. Der Platz wurde außerdem leicht terrassiert.

Die Engelsgasse unterhalb des Kornmarktes zeigt das nostalgische Foto. In den Grundzügen ist der Platz auch heute noch so erhalten. Sogar das Kopfsteinpflaster in neuer Form gibt es wieder. Die meisten Häuser sind inzwischen ihres Putzes beraubt und glänzen mit schönem Fachwerk. Und wieder erhielten wir auch zu dieser Folge des nostalgischen Bilderrätsels von den Lesern nette Geschichten und Erinnerungen rund um die Engelsgasse im Herzen der Wetzlarer Altstadt.
Andreas Ströbel aus Aßlar schreibt: »Links sehen wir das Wohnhaus des Damian Ferdinand Haas (1723 – 1805), Prokurator am Reichskammergericht, das 1766 erbaut wurde. Hinten rechts steht das Wohnhaus des nassauischen Untervogts Eberhard Stommel, und das dritte Haus auf der linken Seite ist das Geburtshaus des Carl von Abel (1788 – 1859), bayerischer Ministerpräsident unter König Ludwig I.« Im Hintergrund steht das Haus des Schreinermeisters August Sarges. Hier erblickte ich 1921 das Licht der Welt«, erinnert sich Erich Hecker aus Wetzlar. Dass das Ensemble »eines der schönsten Wetzlars« ist und es Fotografen häufig als Motiv dient, findet Helmut Bartel.

Diese Häuser am heutigen Karl-Kellner-Ring wurden 1944 durch Bomben zerstört.

Der Bereich zwischen Langgasse und Sophienstraße wird heute beherrscht vom Gebäude der Commerzbank.

Schwer zu erraten war offenbar dieses Motiv. Franz Rauner aus Wetzlar schreibt: »Diesmal war es endlich wieder einmal schwierig. Das Haus im Hintergrund steht heute noch in der Moritz-Hensoldt-Straße. Dahinter sind die Schornsteine der Schwerindustrie zu erkennen. Und hinter der Stelle, wo auf dem Bild der nostalgische Opel P4 Richtung Neustadt braust, steht heute das Gebäude der Commerzbank.«
»Es handelt sich um die heutige Kreuzung Langgasse/ Karl-Kellner-Ring/ Sophienstraße. Früher war dort die Firma Sauerstoff-Gaerthe«, erinnert sich Otto Hesse aus Katzenfurt.
Horst Waldschmidt aus Wetzlar hat ebenfalls richtig gelegen: »Die abgebildeten Wohn-und Geschäftshäuser der früheren Firmen Gaerthe und Interthal wurden im Krieg zerstört. An dieser Stelle wurde 1957 das Commerzbank-Gebäude errichtet.« Von Ingeborg Befort aus Oberbiel kommt folgender Hinweis: »Die drei Häuser fielen am 21. 11. 1944 einem Bombenangriff zum Opfer, und die besondere Tragik dabei war, dass die gesamte Familie Interthal bis auf eine Tochter ums Leben kam.«
Horst Bremer schreibt: »Das Straßenbild habe ich am 21. November 1944 zwischen 9 und 10 Uhr zum letzten Mal gesehen, denn die Häuser fielen bei einem Luftangriff in Schutt und Asche.« Einige der Einsender haben darauf hingewiesen, dass die Straße, die heute in Richtung Buderusplatz führt und später zum Karl-Kellner-Ring wurde, damals noch Bahnhofstraße hieß.

Zum Zeitpunkt der Aufnahme waren die beiden Häuser an der Westseite des Kornmarkts noch nicht saniert.

Der Kornmarkt hat sich bis heute architektonisch positiv entwickelt.

Zu leicht – zu schwer? Vor dieser Frage stehen wir immer wieder bei der Auswahl der Aufnahmen für unser historisches Bilderrätsel. Diesmal war es recht einfach, die richtige Lösung zu finden – nämlich den Kornmarkt. Kontroversen gab es darüber, wann das Bild entstanden ist. Die Angaben reichten von 1900 über die 20er Jahre bis in die 50er. Helga Fischer aus Braunfels: »Die Aufnahme wurde im Jahr 1947 gemacht. Ich selbst befinde mich als Fünfjährige auf dem Foto. Ich sitze auf der Brunnenmauer und bin die Dritte von rechts. Wir wohnten damals in der Gewandsgasse.«
»Entstanden ist das Bild bestimmt vor der Elektrifizierung der Altstadt«, vermutet Friedrich Weber aus Albshausen. »Auf den Dächern sind noch keine Dachständer und Leitungen zu sehen.« Auf die 20er oder 30er Jahre tippt Rolf Rau aus Wetzlar. Gar auf »Anfang 1900«, datiert Werner Ludwig aus Waldgirmes das Foto. Eine geographische Würdigung in Kurzform lieferte Andreas Ströbel aus Berghausen: »Vorn links sehen wir das Haus ›Zur Sonne‹ (Zum Reichsapfel, erbaut 1607). Links die Straße ist die Schuhgasse und rechts ist die Gewandsgasse. Der Platz wurde früher sehr oft für Freilichtspiele benutzt. Vor uns sehen wir den reichsstädtischen Brunnen.«
Klaus Neumann: »Das rechte Haus wurde wohl aus bautechnischen Gründen in den 70er Jahren völlig abgetragen und komplett neu aufgebaut. Das interessantere Haus ist aber das linke. Es wurde nicht abgebrochen und auch nicht saniert, sondern vollkommen ausgekernt, vielseitig abgestützt und grundsaniert. Das Ergebnis kann sich sehen lassen.«

Als dieses Foto 1970 entstand, gab es das Gebäude der Niedergirmeser Schule noch.

Heute ist anlässlich der 1200-Jahr-Feier von Niedergirmes an der Stelle der früheren Schule ein Grünzug angelegt worden.

Aus Niedergirmes stammt diese nostalgische Ansicht, die nicht leicht zu erraten war. Wer die richtige Lösung kannte, steuerte wieder nette Anekdoten über die alte Niedergirmeser Schule bei, denn diese ist auf dem Foto aus dem Jahr 1970 abgebildet, das uns Hermann Eucker zur Verfügung stellte und das von Willi Lotz aus Wetzlar aufgenommen wurde. Sabine Trimbach aus Atzbach schreibt: »Der hellere Gebäudeteil stammt aus dem Jahr 1846. Der neuere Gebäudeteil wurde 1880 erbaut. Mir ist das Gebäude aus meiner Kindheit deshalb so gut in Erinnerung, weil meine Großeltern in dem älteren Gebäudeteil wohnten. Schräg gegenüber gab es einen so genannten ›Tante-Emma-Laden‹ – wie auch das rechts ins Bild ragende Edeka-Schild verrät. Das Gebäude wurde zu Beginn der 70er Jahre abgerissen, um die Siechhofstraße zu verbreitern.«

Matthias Pachler aus Wetzlar schreibt: »Links im Bild ist das Haus Gemmer zu erkennen. Da der VW Käfer unter der Edeka-Reklame bereits eine große Heckscheibe besitzt, datiere ich die Aufnahme auf die Zeit nach 1961.«

Ulla Lindenstruth aus Niedergirmes erinnert sich: »Bis 1956 hatte ich im linken Gebäude im ersten Stock Unterricht. Im rechten Gebäude wohnten die Familien Capello und Kraft. Im Schulgebäude links hatte die TSG 03 nach dem Krieg ihre Turnstunden.«

Bärbel Zimmermann aus Wetzlar: »In den oberen Räumen übten wir vom Westerwald-Verein unsere Volkstänze ein.«

Maria Bambach aus Aßlar: »In dem linken Gebäude war für die Katholiken heilige Messe,weil die katholische Kirche in Niedergirmes noch nicht gebaut war.«

Blick vom Goldfischteich aus in die Frankfurter Straße.

Bis heute hat sich nicht viel geändert. Das Haus rechts wurde nach dem Krieg vereinfacht wieder aufgebaut.

Friedrich Nolte aus Wetzlar lag genau richtig mit seiner Antwort: »Das Bild zeigt das Haus an der Ecke Frankfurter Straße/Friedenstraße vor seiner Zerstörung im letzten Kriegsjahr. Es wurde Anfang der 50er Jahre vereinfacht wieder aufgebaut und im Erdgeschoss ein Konsum-Laden eingerichtet.« Horst Koppel aus Bonbaden schreibt: »Das Foto zeigt die Frankfurter Straße vom Goldfischteich aus. Viele Jahre war es mein Schulweg zur Kestnerschule. Das dritte Haus rechts war die Bäckerei und Café Sämann, später Glässel.«

Klaus Neumann: »Mir ist dieser Anblick noch recht gut in Erinnerung, da ich im Herbst 1947 in die Kestnerschule eingeschult wurde. Zu dieser Zeit waren im näheren Umfeld einige Bombenschäden sichtbar. Der Goldfischteich hatte einen Treffer abbekommen und lag trocken, die alte Turnhalle des TV war stark beschädigt und die Turnhalle der Kestnerschule war verschwunden. Ich schätze, dass die Aufnahme um 1930 entstanden ist. Das würde auch mit dem Motorrad in etwa passen.«

Franz Rauner schreibt: »Als wir ab Herbst 1946 als Erstklässler durch die Frankfurter Straße hinauf zur Kestnerschule gingen, war unter den Lettern am Gebäude noch ganz deutlich ›Adolf-Hitler-Schule‹ zu erkennen. Am Ende der rechten Häuserzeile wohnte damals gegenüber der Schule in einem süßen kleinen Gartenhäuschen unsere so energische und trotzdem verehrte Lehrerin Else Keller.«

Norbert Ruppik aus Wetzlar: »Das Bild ist im Verwaltungsbericht der Stadt Wetzlar für die Zeit von 1924 bis 1928 enthalten. Es wird also kurz vor 1928 aufgenommen worden sein.«

Ein Adler-Pkw dreht einsam seine Runde über den »Bollerbrückenplatz«.

Alt und neu gemischt auf dem heutigen Buderusplatz.

Das Bild zeigt den »Bollerbrückenplatz«, den heutigen Buderusplatz. Bärbel Wolf aus Schöffengrund schreibt: »Als ich 1951 in Wetzlar zur Lotteschule ging, konnte ich erst um 14.30 Uhr mit dem Bus nach Niederwetz fahren. So blieb noch viel Zeit für einen Bummel bis zum Bahnhof, wo der Bus abfuhr. Im hinteren Teil des Kiosks war eine Toilette untergebracht, die immer recht sauber war. Eine Frau mit kurzem Haarschnitt hat viele Jahre an diesem Örtchen für Ordnung gesorgt.«

»Über diesen Platz bin ich ab 1955 bis in die 60er Jahre jeden Tag zweimal gelaufen. Der allmorgendliche Kauf einer Zeitung an dem Kiosk war damals eine willkommene Unterbrechung auf dem Fußweg vom Bahnhof bis zu Leitz«, erinnert sich Helmut Bartak aus Wetzlar. Helga Fischer aus Solms: »Mein Vater hatte in dem Haus der Familie Adolph, rechts neben dem Hahn-Häuschen (runder Pavillon) ein Büro.« Ein Detail hat Friedel Moos aus Berghausen erkannt: »Rechts an dem Laternenmast sind auch Verkehrsschilder mit Richtungspfeilen nach Gießen und Frankfurt zu erkennen. Im Hintergrund ist ein Kamin der Wollspinnerei. Eine tolle Aufnahme ohne die Hektik der heutigen Zeit.« »Links sehen wir die Gebäude von Sarges und Watermeyer. Als Auswärtige haben wir im Frühsommer am Kiosk von Hahn immer die ersten Kirschen gekauft«, schreibt Helmut Krämer aus Werdorf. Über die Bewohner des Hauses links, das noch fast unverändert ist, weiß Werner Georg aus Garbenheim Bescheid: »Im Erdgeschoss praktizierte die Kinderärztin Dr. von Lemmers-Danforth und im ersten Stock die Hautärztin Dr. M. Sarges.«

Blick in den alten Brodschirm in Richtung Eisenmarkt. Die Häuser auf der linken Seite sind dem Stadthaus gewichen.

Die rechte Seite des Brodschirms ist aufwändig saniert und modernisiert worden.

»Es handelt sich um den Brodschirm – vom Fischmarkt aus gesehen. Die Aufnahme ist vor 1945 gemacht. Die Häuser links wurden allesamt ein Opfer von Bomben und späterem Abriss. Die Häuser auf der rechten Seite sind teilweise, aber durch Sanierung stark verändert, noch vorhanden. Aufgrund der Form des Fahrradlenkers rechts (»Gesundheitslenker«) schätze ich,dass die Aufnahme zwischen 1930 und 1935 gemacht wurde«, schreibt Klaus Neumann und hat damit die richtige Lösung gefunden.
Helmut Bartel: »Die Straße – benannt nach den Verkaufsständen, in denen im Mittelalter Brot verkauft wurde – präsentiert sich heute mit durchweg neuen Häusern oder aber mit schön restaurierten alten Fachwerkgebäuden.
Die 82-jährige Maria Jergas aus Naunheim erinnert sich: »Ich habe im Jahr 1936 das Schneiderinnen-Handwerk erlernt und ging an der Jäcksburg in die Berufsschule. Dabei kam ich immer am Brodschirm vorbei.« Andreas Ströbel aus Berghausen: »Etwas weiter oberhalb des ältesten Fachwerkhauses wohnte August Bebel. Er lebte von 1846 bis 1858 in Wetzlar.«

Blick in die Neustadt mit ihren vielen Geschäften und alleeartigen Baumreihen.

Eine moderne Straße mit wenig Flair: So präsentiert sich heute die Neustadt.

Die Neustadt zeigt das historische Foto und Klaus Neumann schreibt dazu: »Das Foto ist ein wahrer Augenschmaus. Es wurde wohl vom damaligen Schleusenkanal in Richtung ›Süsser Platz‹ gemacht. Ich vermute als Aufnahmedatum die Zeit vor 1900. Als ich 1948 in die Idingschule ging, hatten die Bäume – es sind Platanen – schon einen Stammdurchmesser von 60 Zentimeter. Diese Platanen sind leider der Farbahnverbreiterung der Neustadt zum Opfer gefallen. In dem Haus, in dem der Mann mit der weißen Schürze steht, war nach 1945 die Pferdemetzgerei Schmidt beheimatet.«
Erika Schreiber, die jetzt in der benachbarten Flutgrabenstraße wohnt, schreibt kurz und knapp: »Die Neustadt ist meine Geburtsstraße.« Auch Waldemar Schuss bekommt heimatliche Gefühle: »Na endlich meine Geburtsstraße. Das Foto muss etwa Anfang der 30er Jahre gemacht sein. Ganz hinten links ist die Schreinerei Pixa und das Holz-Sägewerk Schindler. Das vorne links im Bild stehende Haus Nr. 17 war nach 1944 mein Zuhause. Später waren hier die Pferdeschlächter Pasler und Erich Schmidt.«
Wann das Foto entstand, bleibt unklar. Christa Hasselbach: »Der Name Neustadt bezeichnet eine Straße, die breit angelegt war und von bescheidenen Anwesen gesäumt wurde. Das Bild muss vor 1900 aufgenommen worden sein.«
»Der Kleidung entsprechend könnte das Bild Anfang der 20er Jahre entstanden sein«, vermutet Friedrich Weber aus Albshausen. Persönliche Erinnerungen an die Neustadt hat auch Werner Wittig: »Hier ist meine Ehefrau zur Welt gekommen und aufgewachsen.«

Das Wetzlarer Amtsgericht zählte einst zu den größten Wetzlarer Gebäuden.

Die Bäume sind gewachsen, das Amtsgericht an der Wertherstraße hat seine Optik indes kaum verändert.

Das Amtsgericht war der gesuchte Begriff. 115 von 117 Einsendungen waren richtig und dokumentierten damit, dass die Aufgabe diesmal leicht zu bewältigen war.

Das meint auch Gerda Kalusche aus Wetzlar: »Ich habe als Rechtsanwalts- und Notargehilfin in den 50er Jahren dort öfter Akteneinsichten gemacht, besonders im Grundbuchamt. Es trug dazu bei, in jungen Jahren Land und Leute kennen zu lernen, denn als Schlesierin kam ich erst 1951 nach Wetzlar.« Andreas Ströbel aus Berghausen: »Es handelt sich um das Amtsgericht Ecke Wertherstraße/Konrad-Adenauer-Promenade. Das Gebäude wurde zwischen 1909 und 1911 erbaut und war eines der größten in Wetzlar Anfang des vorigen Jahrhunderts.«

»Das Gebäude ist mir innen und außen sehr vertraut«, schreibt Ulla Schneider aus Wetzlar und fährt fort: »1911 wurde mein Großvater als Amtsgerichtsrat hierher berufen; im folgenden Jahr erwarb er ein Haus in nächster Nähe in der Wertherstraße, das meine Familie noch heute bewohnt. Auch mein Vater war als Jurist am Gericht tätig, so dass ich jahrelang dort ein und aus gegangen bin.«

Fritz Rauner schreibt: »Hinter dem Amtsgericht stand früher auch ein Gefängnis. Ich kann mich noch gut daran erinnern, dass am Zaun an der Promenade oft die Angehörigen der Insassen standen. Diese konnten ein wenig aus ihren Zellenfenstern hinausschauen und mit dem Besuch sprechen.«

Die Gaslaterne rechts und das schmale Häuschen in der Bildmitte prägten einst die Pariser Gasse.

Schön begrünt sind heute die Häuser am Eingang der Pariser Gasse von der Obertorstraße her.

Wetzlars kleinste Gasse war die Olivengasse, die rechts auf unserem Nostalgiebild zu sehen ist. Jürgen Schleifer aus Werdorf brachte es knapp und klar auf den Punkt: »Die rechte Gasse ist die Olivengasse, das schmucke Cabriolet parkt in der Pariser Gasse.« Inge Jung: »Das Bild zeigt die Pariser Gasse, unsere alte Heimat. Da haben wir von 1956 bis 1968 gewohnt. Dort ist meine Tochter aufgewachsen«. Auf Spurensuche war Andreas Ströbel aus Berghausen, einer unserer treuesten Rätselfreunde: »Als ich in die Pariser Gasse fuhr, um mir die Straße anzusehen, traf ich nette Anwohner, die einiges zu berichten hatten. Ich möchte mich auf diesem Weg herzlich für die vielen Anekdoten bedanken. Ein besonderer Gruß gilt Frau Jäckel, die großes Wissen über Alt-Wetzlar besitzt.«

»Der Bereich wirkt heute viel gepflegter als in der ›guten alten Zeit‹«, meint Monika Glöckler, die aus Bad Füssing schrieb. »Das Haus rechts ist verschwunden; dort befinden sich jetzt Autogaragen. Der Wagen könnte aus den 30er Jahren des vorigen Jahrhunderts stammen«, vermutet Klaus Neumann, auch ein treuer Fan unseres Bilderrätsels. »In dem Haus rechts mit der Gaslaterne befand sich die Bäckerei Ferber«, erinnert sich Ingeborg Hein. »Wir haben die Straße auf unserem Sonntagsspaziergang per Zufall entdeckt und sofort vom Zeitungsbild her wieder erkannt«, schreibt Margot Fritz aus Naunheim. Franz Rauner: »Eine schöne Aufnahme. Links beginnt die Große Pariser Gasse (weil es damals auch eine ›Kleine‹ gab). Rechts von dem hübschen ›Puppenhaus‹ in der Bildmitte geht die Olivengasse hinein.«

So sah der Wahlheimer Weg, auf dem auch Goethe geschritten ist, vor etwa 80 Jahren aus.

Nur noch wenig mit dem ursprünglichen Bild gemein hat die neue Aufnahme vom Wahlheimer Weg.

Auf Goethes Spuren wandelten wir mit dieser Folge unseres Bilderrätsels, denn das idyllische Foto aus der Sammlung von Dr. Monika Deutscher zeigt den Wahlheimer Weg mit Blick auf Dom und Kalsmunt. Nur 29 Leser haben das Motiv erkannt. Das ist nicht verwunderlich, denn heute kann man den Standort des Fotografen und das Motiv nur noch ahnen. Bäume und Büsche haben alles begrünt und den Blick verstellt, wie er vor rund 80 Jahren noch möglich war.

»Das Foto hat mich sogar wieder mal auf den Bismarckturm steigen lassen. Aber es hat nicht allzu viel geholfen. Der ganze Lahnberg hat einen wunderbaren Baum- und Heckenbestand. Bin mal gespannt, wie das aktuelle Foto ausschaut«, schreibt Adelheid Sarges aus Wetzlar und meint weiter: »Vier imposante Gebäude kann ich erkennen. Links vor der hochragenden Baumgruppe den Kalsmunt, darunter links die Villa Leitz, ›Haus Friedwart‹, rechts der Baumgruppe der fast 60 Meter hohe Domturm und der Dachreiter. Das Gebäude davor müsste die Villa Hollmann sein.«

Franz Rauner aus Wetzlar schreibt: »Goethe-Liebhaber haben ja vermutet, dass das Gedicht Osterspaziergang (Vom Eise befreit ...) aus Faust I auf diesem Weg nach Wahlheim entstanden sein könnte.« Auch Friedrich Weber aus Albshausen bezieht sich auf den großen Dichterfürsten: »Goethe hätte dieses Bild auf dem Weg von Garbenheim nach Wetzlar malen können. Am Horizont sind rechts der Weinberg und der Steindorfer Johannisberg, hinter dem Dom der Röderberg und links die Kalsmunt-Ruine zu sehen.«

Blick auf das Haus Stiebeling und die ehemaligen Gebäude der Stadtwerke.

Heute wird der Bereich zwischen Bahnhof Nordseite und Niedergirmeser Weg vom Verwaltungsgebäude des Energieversorgers »enwag« bestimmt.

Nicht mehr wiederzuerkennen ist heute der Bereich, um den es in dieser Folge geht. Deshalb war auch der »Gegenschuss« aus heutiger Sicht nicht aus dem richtigen Blickwinkel möglich. Lediglich das rechte Eckhaus ist übrig geblieben. Ganz genau hat Walter Schwan aus Aßlar das Bild beschrieben: »Im Vordergrund der Niedergirmeser Weg, die Einfahrt sowie die Garteneinfriedung der Carolinenhütte. Danach die Auffahrt zur alten Überführung mit dem Geschäftshaus der Familie Stiebeling. In der Mitte steht heute das neue Gebäude der ›enwag‹. Rechts das Gebäude der alten Bahnhof-Apotheke. Mein Berufsleben begann im Frühjahr 1955 bei der Firma Jung und Co. – Carolinenhütte. Heute erinnert nur noch das ehemalige Pförtnerhaus an diese Zeit.«
»In der alten Bahnhof-Apotheke habe ich von 1946 bis 1951 als Apothekenhelferin unter Apotheker Schremmer und später unter Apothekerin Hild gearbeitet. Gegenüber das Kaufhaus Stiebeling, das wegen der neuen Bahnüberführung abgerissen wurde«, erinnert sich Erika Thiessen. »Es handelt sich um die Auffahrt zur alten Bahnüberführung von 1914. Die Kreuzung hat als zeitgeschichtliches Dokument Einzug in Bücher gehalten mit einem Foto vom Einmarsch der amerikanischen Truppen am 29. März 1945«, weiß Norbert Ruppig aus Wetzlar. Klaus Kuhlmann aus Leun schreibt: »Zur Entstehung der Aufnahme könnte ich mir die Zeit vor 1940 vorstellen, denn an diesen Fahrbahnteiler mit Mast kann ich mich nicht erinnern, aber an das rutschige Basaltpflaster. Ich habe da als jugendlicher Radfahrer entsprechende Erfahrungen gesammelt.«

Der Eisenmarkt war schon immer ein idyllisches Plätzchen.

Wenig verändert präsentiert sich der Eisenmarkt – es gibt heute allerdings mehr Fachwerk als früher!

Am Eisenmarkt entstand dieses Foto unserer Nostalgie-Reihe. Falsch waren Domplatz, Schmiedgasse, Hofstatt und Fischmarkt. Detailliert beschreibt Andreas Ströbel das historische Foto: »In dem Haus links war lange das Radiogeschäft Baumann. Rechts das Haus hieß »Zum Goldenen Löwen «. Erbaut wurde es Ende des 15. Jahrhunderts. Um 1900 gehörte es Karl Giebrich, dessen Frau Minna hier von 1893 bis 1920 ein Wäschegeschäft führte. Seit 1913 wohnte hier die Hebamme Lina Walther, die in ihrer 45-jährigen Tätigkeit mehr als 4500 Kindern ans Licht der Welt verhalf. In der Weimarer Republik gehörte das Haus der SPD, die hier ihre Geschäftsstelle hatte.«

Gisela Jäckel: »Bei Radio Baumann trafen sich früher die Leitzianer in der Mittagspause. Das Haus im Hintergrund war der Liebfrauenberg 1. In diesem Haus lebten meine Großeltern Josef und Berta Lyon geb. Moses bis April 1940.« Auf ein Detail weist Karl-Ernst-Ufer aus Weinbach hin: »Man beachte die alte Telefunken-Reklame an Baumanns Tür. Das Gebäude im Hintergrund steht nicht mehr. Hier würde man heute die Rückseite des Stadthauses am Dom sehen.« Eine Vermutung zum Aufnahmedatum hat Thomas Kramer aus Wetzlar: »Laut dem ehemaligen Besitzer von Radio Baumann wurde das Foto etwa 1939 gemacht.«

Nostalgie erfasst Franz Rauner, wenn er sich das alte Foto betrachtet: »Ich sehe im Geiste so liebenswerte Wetzlarer Originale wie den Opa Ketter aus der Gewandsgasse, den ›Willem mit der Zigga‹ oder Hänschen Hardt mit seiner Drehorgel den Berg herunterkommen.«

Der Bahnhofsvorplatz in den 50er Jahren mit dem markanten Treppenturm zur Überführung.

Der Bahnhofsvorplatz befindet sich heute im Umbruch. Hier entstehen das neue Einkaufszentrum und ein neuer Busbahnhof.

Keine Ähnlichkeit haben die Bilder, die Vergangenheit und Gegenwart des Wetzlarer Bahnhofsvorplatzes zeigen. Wo früher das interessante Türmchen stand, ist heute gähnende Leere – in Erwartung des »Forums Wetzlar«. Günther Peters aus München: »Bei einem Besuch in Wetzlar habe ich Ihr Bilderrätsel in der Zeitung gesehen. Es ist der Bahnhofsvorplatz mit der Überführung nach Niedergirmes. Diese Überführung musste dem Straßenneubau und der Elektrifizierung der Bahnstrecke weichen.«

Lothar Kohlhauer aus Ehringshausen schreibt: »Im Türmchen befanden sich ein kleiner Kiosk und ein Treppe. Links ist noch ein Teil der Ladenzeile zu sehen, in der sich unter anderem ein Friseursalon befand. Interessant sind auch die Reklameschilder, die auf das damalige Bekleidungshaus Brückner & Mund sowie am Brückengeländer auf die Kinos Schauburg und Lichtspielhaus hinweisen.«

Mit etwas Wehmut schreibt Gerlinde Kilber aus Wetzlar: »Was hatten wir doch für schöne Bauten. Das Türmchen genau wie der schöne Bahnhof, die beide abgerissen sind.«

»Hinter der Überführung steht ein Postbus. Fuhren doch von dort bis in die 60er Jahre die Busse in den Landkreis Wetzlar ab. In dem Rundbau war unten eine kleine Bierkneipe«, erinnert sich Lothar Friedrich aus Braunfels.

»Dieser Turm ist mit sehr bekannt, da ich als Kind direkt gegenüber in der Güterabfertigung auf dem Bahnhofsvorplatz in einer Eisenbahnerwohnung gewohnt habe. Unten war ein Obstgeschäft,in dem man später auch Zeitungen kaufen konnte«, erinnert sich Marlies Blecker aus Werdorf.

Noch von Baulücken gekennzeichnet ist die Güllgasse in den 60er Jahren.

Auch in der Güllgasse in der Unterstadt dominieren schöne Fachwerkhäuser.

Güllgasse war die Lösung für dieses Foto. Jürgen Schleifer aus Werdorf: »Es ist erfreulich, dass es auch Fotos aus dem Bereich der unteren Altstadt gibt. Das Areal um die ehemalige Brauerei Waldschmidt hat sich in den letzten Jahren erheblich verändert.«
Eine nette Anekdote hat Dagmar Kaltwasser aus Hüttenberg parat: »Das Lokal ›Zum Riesen‹ war einmal das Vereinslokal von Eintracht Wetzlar. An der Hauswand hing ein Schaukasten. Darin befanden sich die Aufstellungen der Jugendmannschaften und der ersten Mannschaft von Eintracht 05, die damals größtes Interesse fanden und nicht selten zu heftigen Diskussionen Anlass gaben. Vor allen Dingen dann, wenn am Sonntag verloren wurde und am Montag die ›völlig falsche Aufstellung‹ noch im Kasten hing.« Persönliche Erinnerungen verbindet Inge Grüning aus Garbenheim mit der Güllgasse: »Meine Großeltern Rossbach führten den ›Riesen‹ von 1926 bis 1952. Die Güllgasse war unsere zweite Heimat. Früher war in der Höhe des Radfahrers noch eine Durchfahrt für die Pferdefuhrwerke der Brauerei Waldschmidt. Dort konnten wir wunderbar spielen, wenn es regnete.«
»Als ich das Bild sah, kamen wieder meine schönen Jugenderinnerungen an die Güllgasse zurück. Ich wohnte mit meinen Eltern von 1946 bis 1962 gegenüber des Gasthauses ›Zum Riesen‹ in der Güllgasse 12«, schreibt Otto Prosig. Auch Erna Staroste beschäftigt sich aus persönlichem Erleben mit der Güllgasse: »Mein Mann, meine Mutter und ich kamen nach der Vertreibung aus Breslau 1946 nach Wetzlar und fanden in der Güllgasse 12 ein neues Zuhause.«

Das große Sandsteingebäude in der Weißadlergasse beherbergte früher Banken und auch das städtische Einwohnermeldeamt.

Auf eine neue Nutzung wartet noch immer das Gebäude links. Rechts das in neuem Glanz erstrahlende »Grüne Laub«.

Das Foto, das für Anna Hajdu aus Lahnau »wie ein altes Gemälde anmutet«, zeigt die Hauser Gasse mit Blick in Richtung Weißadlergasse und Krämerstraße. Wilhelm Pauly aus Leun kann alle Häuser zuordnen: »Links das Gebäude der ehemaligen Commerzbank, früher Mitteldeutsche Creditbank, dahinter das Wäschehaus Freund. Gegenüber vorne das Grüne Laub, Weinhaus Ortenbach, Eselstreppchen und Radio Löwe.«
Gisela Bornemann aus Biebertal schreibt: »Nach dem Krieg gingen wir ins Grüne Laub zur Tanzstunde. Ab 22 Uhr war Sperrstunde bis 6 Uhr morgens.«
Thomas Moser aus Wetzlar ergänzt: »In dem Gebäude links war lange Jahre das Wetzlarer Einwohnermeldeamt untergebracht.«

Über den Bildrand hinaus geblickt hat Karola Hepp aus Merenberg: »Da ich gebürtige Aßlarerin bin, kam ich als Kind früher öfters in das ehemalige Café Staffel. Ich kannte auch die ehemalige Metzgerei David Rau. Diese Geschäfte befanden sich gegenüber der früheren Post, etwa 100 Meter von diesem Bild auf der linken Seite.«
Auch Klaus Neumann hat sich wieder seine Gedanken zu dem imposanten Foto aus vergangenen Zeiten gemacht: »Die Aufnahme könnte aus den 20er Jahren des vorigen Jahrhunderts stammen, wenn man die Bekleidung der Personen auf dem Bild näher betrachtet.«

Auf der Spitze der Lahninsel befand sich früher eine Lohgerbermühle. Zwischen den Pappeln sieht man den Kalsmunt.

Heute sind die Gebäude auf der Lahninsel verschwunden. Sie dient als Park- und gelegentlich als Festplatz.

Lahninsel lautet die richtige Lösung für dieses Foto. Einige Zuschriften zu dieser Rätselfolge enthielten interessante Details über einen Bereich, der sein Gesicht – bis auf das Wasser – kräftig gewandelt hat. Inge Nissel aus Wetzlar schreibt: »Das Foto zeigt den Seitenarm der Lahn, der vor dem großen Wehr nach links abgeleitet wird. Am südlichen Ende der kleinen Lahninsel, hinter dem Grundstück Moser, vereint sich dieser Wasserlauf mit dem Mühlgraben.«

»Das Haus rechts müsste die alte Lohgerbermühle sein, die auf der Spitze der Lahninsel stand. Dahinter die Gerberhäuser. Die Mühle wurde bereits vor dem 2. Weltkrieg abgerissen. Das markante Gebäude in der Flucht des Mühlgrabens ist die Brauerei Waldschmidt.In der Mitte ragt der noch vorhandene Schlot der Firma Leitz mit seinem rechteckigen Grundriss hervor. Die Aufnahme dürfte um 1905 entstanden sein«, meint Dieter Kling aus Wetzlar.

Klaus Neumanns Kommentar: »Ich habe noch nie eine solch alte Aufnahme aus dieser Sicht zu sehen bekommen. Es handelt sich um ein Foto, das um 1900 entstanden sein könnte. Das Datum lässt sich aus dem Grund relativ gut ermitteln, da der Kalsmuntberg um 1900 fast kahl und unbewaldet war.«

Fritz Rauner hat eine etwas andere Sicht: »Das Bild zeigt die alte Schlagmühle auf der Landspitze am Lahnwehr. Diese Mühle wurde 1937 bei einem Hochwasser so stark beschädigt, dass sie abgetragen werden musste. Wahrscheinlich wegen ihrer gewagten Lage am Lahnwehr wurde sie von den alten Wetzlarern ›Villa Drachenschlund‹ genannt.«

Eine interessante Form hat der Wohnblock in der Moritz-Budge-Straße.

Heute sind die drei Gauben und der turmartige Vorbau des Hauses verschwunden.

Statt der Lösung Moritz-Budge-Straße nannten viele Einsender den Niedergirmeser Platz als Motiv des Nostalgiefotos. Sogar Klaus Neumann, der zu den besten Kennern von »Alt-Wetzlar« zählt, lag diesmal falsch. Eine richtige Lösung hatte Klaus Boeder: »Das Gebäude steht gegenüber der heutigen Tanzschule Römer.« »Der imposante halbrunde Bau ist im Bannviertel«, meldete Heinz Pausch aus Solms.

Ingeborg Befort aus Oberbiel erinnert sich: »Über das Foto habe ich mich sehr gefreut, denn es weckt in mir viele Erinnerungen an meine Kindertage. Der lang gestreckte Bau gehörte je zur Hälfte der Firma Buderus und der Bahn und wurde an die Betriebsangehörigen der beiden Unternehmen vermietet. Das Gebäude wurde im Krieg an mehreren Stellen von Bomben getroffen. Beim Wiederaufbau wurde der markante Erker weggelassen, was schade ist.«

Hella Brisch, die heute in der Moritz-Budge-Straße 33 wohnt, hat verwandtschaftliche Beziehungen zu dem Haus: »In der Hausnummer 22a wohnten meine Schwiegereltern.«

Norbert Ruppik schreibt: »Der Bau ist das einzige Beispiel eines Wohnblocks im Stil der 20er Jahre außerhalb von Niedergirmes. Nach Teilzerstörung im 2. Weltkrieg wurde er vereinfacht wieder aufgebaut.« Franz Rauner: »Ganz sicher waren damals viele Arbeiter froh, eine große helle Wohnung für ihre Familien zu bekommen. Den Luxus eines Balkons mussten die Mieter entbehren. Aber sie hatten hinten zum Nassauer Weg alle ihr Gärtchen. Das war damals mehr wert.«

Ein Blick auf das begrünte Hausertor im Jahr 1930.

Die Begrünung ist geblieben. Das Tor wurde dem Verkehr geopfert.

Das Hausertor war die Lösung dieses Fotos. Aus anderer Perspektive zeigt das Logo unseres Rätsels ebenfalls das Hausertor. In der 39. Rätselfolge hatten wir schon einmal ein Bild dieses Bereichs gebracht. Allerdings war das Tor da bereits in einem bedeutend desolateren Zustand. Auch Gunthard Nissel aus Wetzlar hatte die richtige Lösung parat: »Das Foto zeigt das äußere Hausertor, das 1935 abgebrochen wurde. Ein Stadtplan aus dem Jahr 1825 zeigt ein anderes Hausertor, welches am jetzigen Bebelplatz lag und zur Stadtmauer gehörte.« Christa Köhler, geb. Bergmann, aus Iserlohn: »Hier habe ich kurz vor Kriegsende mit meiner Mutter einen Tiefflieger-Angriff erlebt. Wir rannten noch schnell zu dem kleinen Bunker auf der rechten Seite hinter dem Tor. Dieser war so überfüllt, dass wir nur noch durch mein angstvolles Schreien hinein gelangen konnten«.

Für Lob bedanken wir uns bei Hildegard Langsdorf, die darauf hinweist,dass das Tor erst Ziegelpforte hieß: »Als echte Wetzlarerin bin ich begeistert von den nostalgischen Bilderrätseln in dieser Zeitung.«

»Vor dem Bau der ›Eisernen Brücke‹ war das Hausertor von der linken Lahnseite her der einzige Zugang zur Stadt«, erläutert Ewald Wächtershäuser aus Butzbach-Ebersgöns. »Ich vermute, dass das Foto nach 1926 aufgenommen wurde, denn erst da wurde die Pforte für Fußgänger geschaffen«, schreibt Anna Stamer. Detlef Süberkrüb aus Oberbiel: »Das Tor war ein Außentor der mittelalterlichen Vorstadt Hausen. In einer Aprilnacht des Jahres 1935 wurde es durch Sprengung dem wachsenden Straßenverkehr geopfert.«

Das barocke Gartenhaus schmiegte sich einst an die Werksgebäude von Leitz an.

Heute dominiert moderne Industrie-Architektur am Leitzplatz. Das Gartenhaus ist verschwunden.

Am Leitzplatz entstand diese interessante Aufnahme, die auf augenfällige Weise den gravierenden Unterschied im Wetzlarer Stadtbild zwischen damals und heute veranschaulicht. Zwei Einsender lagen falsch: Sie erkannten statt der Leitz-Gebäude die Firma Hensoldt in der Eduard-Kaiser-Straße.
Wie immer gut informiert war Franz Rauner: »An der Braunfelser Chaussee standen einst auf altem Silhöfer Grund einige so genannte Gartenhäuser. Eines dieser schönen Häuser lehnt sich auf dem Foto, das vermutlich in den 20er Jahren entstanden ist, an den 1907 errichteten Optikbau der Firma Leitz an. Im Schatten daneben steht das so genannte Haus Kramer, in dem die werkseigene Druckerei und zuletzt auch die Leica-Schule untergebracht waren.« Norbert Ruppik: »Links in dem Eckhaus befand sich das Tabakgeschäft Palm, das in den 70er Jahren der Straßenverbreiterung weichen musste.« »Auch das rechte kleine Gebäude musste der Straßenverbreiterung weichen. Eventuell entstand die Aufnahme vor der Errichtung des Hochhauses I«, vermutet Friedrich Weber aus Albshausen. Ausführlich hat sich Helmut Bartel mit dem Thema beschäftigt: »Auf dem Foto ist das ursprünglich wunderschöne Barock-Gartenhaus mit fünfeckigem Grundriss zu sehen. Es stand an der Stelle,wo heute der Erweiterungsbau der Leitz-Werke steht. Das Gartenhaus musste, da es im Laufe der Zeit baufällig geworden war, der Straßenver- breiterung weichen.«
Karl-Heinz Ravizza merkt an: »In der linken unteren Bildecke sieht man die heute noch vorhandene Mauer der Wetzbachbrücke.«

Einen schönen Blick in die Vergangenheit der Hauser Gasse offeriert dieses Foto.

Links das alte Wetzlarer Rathaus, in dem heute das Standesamt untergebracht ist.

»Diese schöne Aufnahme zeigt die Hauser Gasse. Gleich links das erste Gebäude ist das ehemalige Archivgebäude des Reichskammergerichts und war seit 1911 das Wetzlarer Rathaus«, schreibt Andreas Ströbel aus Berghausen zur Auflösung dieser Folge unseres Bilderrätsels »(Er)kennen Sie Wetzlar?«.

Weiter schreibt unser eifriger Bilderrätsel-Fan: »Danach kommt links das kaiserliche Postamt, gebaut im Neurenaissancestil von Baumeister Kranz, das 1884 eröffnet wurde.«

»Heute ist im ehemaligen Rathaus links im Bild das Historische Archiv der Stadt Wetzlar untergebracht. Auf der rechten Seite unten sieht man das jetzige Haus der Jugend, in dem früher einmal ein bekanntes Nachtlokal war«, erinnert sich Friedel Moos aus Berghausen.

Heinz Krämer aus Werdorf schreibt: »Als 15-Jähriger haben wir in den Kriegsjahren 43/44 mit Verwandten öfter das Café Staffel auf der rechten Bildseite besucht, was uns als Dörflern große Freude bereitete.«

»Das alte Rathaus hatte (und hat heute wieder) noch eine Funktion«, weiß Linda Weber aus Dutenhofen: »Meine Eltern wurden dort 1934 standesamtlich getraut.«

Die »Schöne Aussicht« an der Frankfurter Straße war früher ein beliebtes Ausflugslokal.

Heute ist die »Schöne Aussicht« ein unscheinbares Wohnhaus. Der Blick ins Lahntal ist jedoch immer noch schön!

Die »Schöne Aussicht« zeigt die Postkarte aus dem Jahr 1927. An dieses markante Gebäude in der Frankfurter Straße haben viele Leser schöne Erinnerungen geknüpft, die sie uns mitteilten. Detlef und Christa Hasselbach: »Vielen Dank, dass Sie gerade am 7. September 2003 dieses Bild als Rätsel ausgesucht haben. An diesem Tag vor 35 Jahren haben wir nämlich im Hotel-Restaurant ›Schöne Aussicht‹ unsere Hochzeit mit rund 55 Personen gefeiert.« Fritz Rauner hatte auch diesmal wieder die richtige Lösung parat: »Die Charlottenburg auf der Postkarte von 1927 kennen die Wetzlarer eher unter den Namen ›Schöne Aussicht‹, eine ehedem beliebte Gaststätte mit einer wirklich schönen Aussicht. Diese können die Bewohner des Hauses heute immer noch genießen. Treten sie aber aus der Haustür, umtost sie der Straßenlärm und sie blicken gegen eine stolze Mauer, die die schönen Bäume früherer Tage abgelöst hat.«

Horst Koppel aus Bonbaden schreibt: »Sonntagnachmittag – Kaffeetrinken in der ›Schönen Aussicht‹ war für uns Kinder immer ein Erlebnis. Durch gefärbte Fensterscheiben hatte man einen tollen Blick über das Lahntal. Und Überraschungseier aus Blech gab es auch schon.« »Dieses Gebäude ist mir in sehr guter Erinnerung, da ich dort im Alter von fünf Jahren anlässlich einer Weihnachtsfeier der Polizei (1947) das Lied vom kleinen Däumeling gesungen habe. In späteren Jahren (1939/40) haben wir dort noch oft das Tanzbein geschwungen«, erinnert sich Helmut Maxeiner.

Zum Schluss Wolfgang Roth aus Solms, der kurz und knapp schreibt: »In diesem Haus wurde ich 1925 geboren.«

Das ehemalige Altersheim an der Ecke Kleine Pariser Gasse/Pfaffengasse.

Nicht mehr wieder zu erkennen ist der Bereich um die Pariser Gasse nach dem Bau des städtischen Altenzentrums.

Eine knifflige Aufgabe stellte dieses Foto dar. Klaus Neumann schreibt dazu: »Eijeijei – das war aber diesmal eine harte Nuss, die es zu knacken galt. Erst bei einem intensiven Rundgang in der Oberstadt entdeckte ich das Haus am Ende der Gasse mit Fachwerkerker und Türmchen. Das Bild zeigt die ehemalige Kleine Pariser Gasse von der Pfaffengasse aus. Die gewaltige Veränderung der im Bild gezeigten Umgebung machte auch das Suchen so interessant. Auf dem gezeigten Areal befindet sich heute das städtische Altenzentrum. Eine auch nur annähernde Vergleichsaufnahme dürfte schwierig sein.«
Damit hat Klaus Neumann Recht, wie das »Lösungsbild« zeigt. Norbert Ruppik: »Das große Haus in der Mitte ist das so genannte Hoffmannsche Haus. Es beherbergte seit dem 19. Jahrhundert das Wetzlarer Krankenhaus, das 1924 in das ehemalige Lehrerseminar an der Frankfurter Straße umzog. Danach befand sich das städtische Altersheim in den Gebäuden. 1974 mussten die alten Fachwerkhäuser zu Gunsten des neuen Altenzentrums weichen. Rechts der Bruchsteinmauer befand sich der Garten mit einer 400-jährigen Eibe, die umgepflanzt wurde, dies aber nicht überlebte.«
Dr. Klaus Berek: »In dem zweiten Haus links befand sich das alte Wetzlarer Krankenhaus. Dort musste ich mich als kleiner Junge – genau vor 80 Jahren im Herbst 1923 – wegen einer akut aufgetretenen Erkrankung von dem damals dort tätigen Chirurgen Dr. Fischer operieren lassen.«
Ulla Schneider: »Nein, diese Stelle ist nicht mehr zu fotografieren; sie ist völlig überbaut vom heutigen Altenzentrum.«

Der Neustädter Platz mit einer Parade zeitgenössischer Autos. Das Haus im Hintergrund wurde später abgerissen.

Die Gebäude auf der rechten Seite des Neustädter Platzes sind bis heute fast unverändert geblieben.

Das Bild zeigt den Neustädter Platz, aus Richtung Waldschmidtstraße aufgenommen. Manfred Schwarz aus Steindorf: »Das Gebäude im Hintergrund existiert nicht mehr. Darin befand sich ein Kiosk. Dort habe ich 1968 meine ersten Zigaretten, ein 11er-Päcken Lux für eine Mark, gekauft. Mit dem Rad bin ich an die Lahn gefahren, habe eine Zigarette zur Hälfte geraucht und den Rest samt Packung weggeworfen, da ich ein schlechtes Gewissen hatte.«
Monika Glöckler aus Wetzlar erinnert sich: »Auf meinem Weg zur Idingschule in den Jahren 1950 bis 1960 überquerte ich täglich den Neustädter Platz. Rechts im Haus waren Bäckerei und Metzgerei Süß. Im Haus im Hintergrund war links der Friseur Engel und rechts die Firma Merck. Dort holte mein Großvater seine Zigarren und für den Urgroßvater den Kautabak.« Erich Bittrich: »Mit diesem Platz verbindet mich meine Lehrzeit, die ich Anfang der 70er Jahre bei der Firma Buderus absolvierte. Manchmal kam es vor,dass ich zum Frühstückholen heimlich das Werksgelände verließ. Hierzu musste ich in einem unbeobachteten Moment aus dem Fenster unseres Meisterbüros springen. Das hört sich gefährlicher an als es war, denn das Fenster befand sich im Erdgeschoss. Das Schwierigste war, nicht erwischt zu werden. Mein Weg führte mich zur Metzgerei Süß. Hier versorgte ich mich und meine Kollegen mit frischen Mettbrötchen.« Eine Postkarte aus den 30er Jahren schickte uns Heinz Pausch. Darauf sind die alte Lahnbrücke und der Dom zu sehen. Den unteren Teil der Karte zieren Innenansichten des »Gasthauses zur Neustadt.«

Der Friedrich-Ebert-Platz mit der Brücke über den Wetzbach. Der Turm an der Ecke ist verschwunden.

Heute säumt eine Bruchsteinmauer die Brücke. In dem kleinen Gebäude links befand sich früher ein Kiosk.

Friedrich-Ebert-Platz lautet die Lösung dieser Bilderrätsel-Folge. Nur, was es mit dem Turm am rechten Bildrand auf sich hat, blieb ungeklärt. Thomas Moser meint: »Vielleicht war das ein ›Denkmal‹ für gefallene Wetzlarer Bürger im 1. Weltkrieg.« Martin Otto hat eine besondere Beziehung zu dem Haus im Hintergrund: »Das Foto zeigt das einzige Haus meiner Heimatstadt, in dem ich Hausverbot habe; ausgesprochen am 6. 7. 1978 durch die Wetzlarer ›Naturfreunde‹, die mich wegen einer Solidaritätserklärung mit den damaligen Besetzern des Hauses der Jugend aus ihrem Verein ausschlossen.«
»Jenseits der Balustrade, die heute durch eine massive Bruchsteinmauer ersetzt ist, fließt der Wetzbach. Der Platz war früher wesentlich ruhiger als heute mit der Wahnsinns-Verkehrsführung und wurde beherrscht von der Villa Wilhelm Wittes, seines Zeichens Kreisbaurat«, schreibt Ulla Schneider. »In meiner Kindheit wohnten wir am Geiersberg. Wenn ich mich auf einen Hocker stellte, konnte ich von unserem Küchenfenster aus bis auf den Friedrich-Ebert-Platz schauen. Besonders interessant wurde es für mich,wenn ich von diesem Platz aus das stampfende Geräusch der im Gleichschritt vorbei marschierenden Soldaten vernahm«, erinnert sich Erich Bittrich. Klaus Neumann: »In dem kleinen Häuschen war in den 50er und 60er Jahren ein Lädchen untergebracht, in dem es Süßigkeiten, Zigaretten, Bier und sonstige Nettigkeiten zu kaufen gab. In der großen Pause der Leitz-Werkschule (in den Baracken an der heutigen Avignon-Anlage) ging es dann fast jedesmal zum ›Budchen‹, um was Leckeres zu kaufen.«

Im Gegenlicht erscheint die Rahmengasse nicht ganz so trist.

Heute ist alles sauber und glatt in der Rahmengasse – nur Parkplätze gibt es nicht mehr so viele wie in den 70er Jahren.

Die Rahmengasse aus Richtung Güllgasse/Hammelskopf zeigt dieses Foto. Otto Gabel aus Solms-Niederbiel schreibt: »Der größere Neubau in der Bildmitte steht Ecke Rahmengasse/Pfannenstielsgasse. Dort stand früher eine Scheune, die dem Metzger Fritz gehörte. Ich habe bis 1955 in der Güllgasse gewohnt. Als Kinder spielten wir oft in dieser Scheune, bis uns der Metzger wegen Unfallgefahr vertrieb. Das Eckhaus auf der linken Seite und der Platz, auf dem die Autos stehen, gehörte zur Schreinerei Munzig. Später war dort ein Lebensmittelmarkt.« Dass das Bilderrätsel für Bewegung sorgt, teilte uns Luise Schweitzer aus Aßlar-Berghausen mit: »Da wir uns zunächst nicht ganz sicher waren, haben wir diesen Anlass genutzt, um einen kleinen Stadtbummel in diesem Viertel zu machen. Das Foto zeigt die Rahmengasse.

»Wo die Autos parken,befand sich einmal das Lebensmittelgeschäft Discont-Wagner, so eine Art Aldi-Vorläufer«, meint Norbert Ruppik. »Eine Einladung zum Verweilen ist dieses Foto eher nicht. Die Fassaden wirken heruntergekommen und unansehnlich. Als hätte der Fotograf auf diesen Missstand hinweisen wollen, erstrahlen die Fassen heute in neuem Glanz, ohne jedoch ihren ursprünglichen Charakter verloren zu haben«, meint Erich Bittrich. Sein Glück hat der aus Österreich stammende Franz Wimmer in der Rahmengasse gefunden: »Aus dem Haus Rahmengasse 4 gab ich 1939 der Jüngsten von fünf Geschwistern, Gertrud Korndер, das Jawort fürs Leben.«

Blick in die Brühlsbachstraße, links der Goldfischteich und spielende Kinder.

Das Haus im Hintergrund steht noch wie früher. Rechts erhebt sich jetzt die Wetzlarer Stadthalle.

»Wie aus einer anderen Welt« sei das Bild das wir diesmal ausgewählt hatten. Das jedenfalls meint Heidi Teßmer aus Wetzlar: »Ich hatte erst Schwierigkeiten, den Ort zu erkennen. Mein Mann aber wusste sofort, dass das Gebäude in der Brühlsbachstraße steht und heute die Volkshochschule darin untergebracht ist. Die schönen alten Bilder von Wetzlar machen mir immer wieder Freude.« Richtig lag auch Manfred Krüger aus Wetzlar: »Das Fotorätsel zeigt das am 2. Januar 1895 neu errichtete Gebäude der Landwirtschaftlichen Schule.«

»Das Foto zeigt eine fast idyllisch wirkende Ansicht der Brühlsbachstraße«, findet Erich Bittrich und erinnert sich an seine Jugend: »Der im Schutz der Bäume gelegene Goldfischteich war auch Anfang der 60er Jahre ein ideales Spielparadies für uns Kinder. Wenn ich heute hier verweile, denke ich oft an die unbeschwerte Zeit meiner Kindheit zurück.« Lob kommt von Andreas Ströbel aus Aßlar-Berghausen: »Wieder einmal haben Sie eine schöne Aufnahme gewählt. Vor uns sehen wir die Landwirtschaftliche Winterschule in der Brühlsbachstraße. Dieses schöne Gebäude diente im Winter den Landwirtssöhnen in Fächern wie Feldmessen, Wiesenbau, Zeichnen, Rechnen und Deutsch. Links am Bildrand ist noch ein Teil des Goldfischteichs zu erkennen.« Li Trautmann: »Herrlich, mein altes Zuhause in diesem Bild wieder zu erkennen. Wir wohnten in der Winterschule von 1933 bis 1946. Mein Vater war damals Schulleiter. Heute ist dort die VHS und ich hatte durch viele Gelegenheiten immer wieder Kontakt mit unserer wunderschönen Wohnung.«

Vor rund 50 Jahren bestimmten Pflaster und Radabweiser an den Häusern noch das Bild der Pariser Gasse. Rechts steht jetzt das Wetzlarer Altenzentrum.

In der Pariser Gasse gibt es noch einige gut erhaltende stattliche Häuser aus der Reichskammergerichtszeit.

Attraktive Häuser aus der Reichskammergerichtszeit gibt es auch heute noch in der Pariser Gasse. Dort entstand das eindrucksvolle Foto für diese Folge unseres Bilderrätsels. Obwohl sich das Stadtbild in diesem Bereich durch den massigen Betonklotz des städtischen Altenzentrums gravierend gewandelt hat, sind doch noch einige der schönen alten Häuser in gutem Zustand zwischen Pariser Gasse und Kalergasse zu sehen. Klaus Neumann, einer unserer eifrigsten und kenntnisreichsten Rätselfreunde, schreibt dazu: »Die beiden Häuser im Zentrum des Bildes sind bis auf einen neuen Anstrich und zur Straße hin geschieferte Gauben noch genau so anzuschauen wie damals, als die Aufnahme gemacht wurde. Die Häuser auf der rechten Seite sind vom Luftkrieg zum Teil stark beschädigt worden und fielen später komplett dem Neubau des Altenzentrums zum Opfer. Die Ecksteine oder auch Radabweiser hatten die sinnvolle Aufgabe, die vorbei fahrenden Pferde- und Ochsenfuhrwerke von den Hausfassaden auf Abstand zu halten.«
Thomas Moser: »Wir sehen den Übergang von der Kalergasse zur Pariser Gasse von links nach rechts. Das Anwesen gehörte dem Assessor von Ortmann. Dieser war Richter am Reichskammergericht. Daneben wohnte der bekannte Wetzlarer Maler Friedrich Christian Reinermann. Das Nachbarhaus war im Besitz des Prokurators von Gülchen und ging nach dessen Tod in die Hände des Kameralarztes Jordan über.« Erich Bittricht: »Die auf dem Foto eher malerisch anmutende Gasse hat ihren ehemaligen Charakter leider gänzlich verloren.«

Wo früher die Häuser der Gerber standen, ist heute der Parkplatz Lahninsel.

Die Häuser sind verschwunden, geblieben ist am Horizont der Wetzlarer Hausberg »Stoppelberg«.

Wetzlar und Wasser gehören zusammen, wie an den Fotos zu dieser Folge eindeutig festzustellen ist. Genau beschrieben hat Ewald Stamm aus Lahnau die Szene: »Der Blick geht von der Alten Lahnbrücke in Richtung Mühlgraben mit der Brücke zur Lahninsel. In der Bildmitte im Hintergrund befindet sich der Stoppelberg.« Werner Georg aus Garbenheim schreibt: »An der rechten Bildseite ist der Abfluss des zweiten Mühlenkanals, des so genannten Zirkuliergrabens, erkennbar.«

Genau informiert hat sich wieder Andreas Ströbel aus Berghausen: »Am rechten Bildrand sieht man sehr schön das Lahnwehr sowie einige Ruinenreste der Lohmühle, die 1937 einem Hochwasser zum Opfer fiel und abgetragen werden musste. Das Haus links auf der Insel der heutigen Colchester-Anlage könnte ein Gerberhaus gewesen sein. Die Gerber bildeten zwar keine eigene Zunft in der Stadt, wohl aber hatten sie die Lohmühle und gemeinsame Betriebseinrichtungen. Daraus wurde dann im 19. Jahrhundert als Wetzlarer Eigenart die Handschuhindustrie, die vor allem die früher im Heer zur Uniform gehörenden Handschuhe herstellte.«

Horst Koppel aus Braunfels-Bonbaden erinnert sich: »Diesen Ausblick hatte ich viele Jahre vom Schreibtisch in meinem ehemaligen Geschäft Leder-Röhrig neben der Hospitalkirche.«

Zum Abschluss lyrische Worte von Erich Bittrich: »Über allem thront der Stoppelberg mit seinem Aussichtsturm. Man könnte fast meinen, er würde seine schützenden Arme um diese Flussidylle legen.«

Früher herrschte am verlängerten Magdalenenhäuser Weg reger Badebetrieb.

Heute befindet sich auf dem Gelände des ehemaligen Freibads ein Hundeübungsplatz.

Das ehemalige Freibad an der Panzerstraße zeigt dieses Rätselfoto. Mehr als 100 Leserinnen und Leser schickten uns ihre Erinnerungen an dieses ungewöhnliche Bad zwischen dem Westend und Magdalenenhausen. Werner Thetard: »Ich kam 1960 zur Bundeswehr. In der Grundausbildung mussten wir das öfteren bäuchlings die Größe der Becken ›ausmessen‹. Die beiden Wannen wurden in den 70er Jahren zugeschüttet.«
Reginald Winter aus Löhnberg: »Nach einem tödlichen Badeunfall wurde das beliebte Schwimmbad geschlossen. Später errichtete man dort einen Sportplatz, der heute als Hundeplatz genutzt wird.«
Inge Grüning: »Die Art Brücke in der Bildmitte waren die Startblöcke, da man vom Rand nicht ins Wasser springen durfte. Der Rand fiel bis zum Grund schräg ab. Das war gefährlich und auch ein Grund dafür, das Bad zu schließen und zuzuschütten.« Hans Hauk aus Waldsolms schreibt: »Über das Bild habe ich mich sehr gefreut, erweckte es in mir doch viele Kindheits- und Jugenderinnerungen. Nicht nur Wetzlarer Wasserratten, sondern auch aus vielen umliegenden Dörfern haben sich im kühlen Nass dieses Schwimmbads vergnügt.« Interessante Details nennt auch Hary Buschmann: »Als Zeitzeuge beim Bau habe ich gesehen, wie ein Maurerpolier an der tiefsten Stelle in den frischen Estrich den Namen ›Major Berger Bad‹ mit großen Buchstaben einritzte. Zivilisten durften in der Kriegszeit das Bad nur mit einem besonderen Ausweis benutzen. Diesen Ausweis habe ich mir 1943 als damals 15-jähriger Postbote im Kasernenbereich vom Chef der Nachrichten-Abteilung 9 besorgt.«

Ein Bild der Zerstörung bot sich nach dem Luftangriff vom 8. März 1945 in der Goethestraße.

In dem Gebäude links, das wieder aufgebaut wurde, befand sich lange die Landeszentralbank.

Von Bomben verwüstet wurden im Zweiten Weltkrieg auch Teile der Wetzlarer Altstadt. Prof. Dr. Siegfried Rösch hat es am 10. März 1945 in der Goethestraße/Ecke Lottestraße aufgenommen. Der Luftangriff der Alliierten fand am 8. März statt, wobei Bomben auch den Dom und andere Gebäude trafen.

Andreas Ströbel: »Es war der wohl schlimmste Bombenangriff auf Wetzlar. Getroffen wurden auch das Bahnhofsgebäude und die Hauptwache. Die Strom- und Wasserversorgung ist zusammen gebrochen. Die Wetzlarer Zeitung konnte erst am 17. März 1945 wieder erscheinen; gedruckt wurde in Gießen. Bei diesem Angriff verloren zwölf Menschen ihr Leben; es gab 33 Verwundete und zwei Vermisste. 99 Gebäude wurden total, 40 schwer, 143 mittel und 853 leicht beschädigt. Durch diesen Angriff wurden 1542 Menschen obdachlos.«

Dorle Scherer erinnert sich: »In einem der zerstörten Häuser hatte der Hals-Nasen-Ohren-Arzt Dr. Brandau seine Praxis. Meine Schwester und ich haben kriechend aus dem Keller noch einige Eimer Eierkohlen für die Mieterin Mignon geholt; eine Kostbarkeit damals. Beide Häuser dienten früher als Kasernen.«

Franz Rauner weiß: »Wie gut, dass am 8. März 1945 die damaligen Bewohner der früheren Kaserne der Rheinischen Jäger im Bunker gegenüber dem Goethebrunnen am Wahlheimer Weg saßen. So kostete die Zerstörung der Häuser wenigstens keine Menschenleben. Weniger Glück hatte schräg gegenüber die Familie Döring. Alle Angehörigen fanden unter den Trümmern ihres Hauses den Tod.«

Foto: Sammlung Erdmute Bahr

Foto: H.-G. Waldschmidt

Foto: Stadtarchiv

Foto: H.-G. Waldschmidt

Foto: Sammlung Erdmute Bahr

Foto: H.-G. Waldschmidt

Foto: Archiv

Foto: H.-G. Waldschmidt

Foto: Heinz Fuhr

Foto: H.-G. Waldschmidt

Foto: Kalender 2001 Erdmute Bahr

Foto: H.-G. Waldschmidt

Foto: Sammlung Deusing

Foto: H.-G. Waldschmidt

Foto: Stadtarchiv

Foto: H.-G. Waldschmidt

Foto: Stadtarchiv

Foto: H.-G. Waldschmidt

Foto: Heinz Fuhr

Foto: H.-G. Waldschmidt

Foto: Heinz Fuhr

Foto: H.-G. Waldschmidt

Foto: Sammlung Erdmute Bahr

Foto: H.-G. Waldschmidt

Foto: Sammlung Erdmute Bahr

Foto: H.-G. Waldschmidt

Foto: Heinz Fuhr

Foto: H.-G. Waldschmidt

Foto: Adolf Lux

Foto: H.-G. Waldschmidt

Foto: H.-G. Waldschmidt

Foto: H.-G. Waldschmidt

Foto: Alfred Müller

Foto: H.-G. Waldschmidt

Foto: Heinz Fuhr

Foto: H.-G. Waldschmidt

Foto: Sammlung Simone Müller

Foto: H.-G. Waldschmidt

Foto: Archiv

Foto: H.-G. Waldschmidt

Foto: Heinz Fuhr

Foto: H.-G. Waldschmidt

Foto: Ingeborg Befort

Foto: H.-G. Waldschmidt

Foto: Sammlung Befort

Foto: H.-G. Waldschmidt

Foto: Sammlung Kebschull

Foto: H.-G. Waldschmidt

Foto: Sammlung Bartak

Foto: H.-G. Waldschmidt

Foto: Friedrich Nolte

Foto: H.-G. Waldschmidt

Foto: Paul Grümer

Foto: H.-G. Waldschmidt

Foto: Heinz Fuhr

Foto: H.-G. Waldschmidt

Foto: Sammlung Rehm/Bassing

Foto: H.-G. Waldschmidt

Foto: Sammlung Reuschling

Foto: H.-G. Waldschmidt

Foto: Sammlung Rehm/Bassing

Foto: H.-G. Waldschmidt

Foto: Sammlung J. Reuschling

Foto: H.-G. Waldschmidt

Foto: Sammlung Rehm/Bassing

Foto: H.-G. Waldschmidt

Foto: Sammlung Reuschling

Foto: H.-G. Waldschmidt

Foto: Sammlung Klotz

Foto: H.-G. Waldschmidt

Foto: Sammlung Klotz

Foto: H.-G. Waldschmidt

Foto: Sammlung Rehm/Bassing

Foto: H.-G. Waldschmidt

Foto: Sammlung Kremp

Foto: H.-G. Waldschmidt

Foto: Sammlung Heinz Christ

Foto: H.-G. Waldschmidt

Foto: Sammlung Kremp

Foto: H.-G. Waldschmidt

Foto: Sammlung Karl Schmidt

Foto: H.-G. Waldschmidt

Foto: Sammlung Reuschling

Foto: Jochen Reuschling

Foto: Sammlung Adelheid Sarges

Foto: H.-G. Waldschmidt

Foto: Sammlung Sarges

Foto: H.-G. Waldschmidt

Foto: Sammlung Befort

Foto: H.-G. Waldschmidt

Foto: Sammlung Weidmann

Foto: H.-G. Waldschmidt

Foto: Willi Lotz

Foto: H.-G. Waldschmidt

Foto: Sammlung Schuler

Foto: H.-G. Waldschmidt

Foto: Sammlung Hollmann

Foto: H.-G. Waldschmidt

Foto: Sammlung Schuler

Foto: H.-G. Waldschmidt

Foto: Sammlung Klass

Foto: H.-G. Waldschmidt

Foto: Sammlung Kornmann

Foto: H.-G. Waldschmidt

Foto: Sammlung Lore Jung

Foto: H.-G. Waldschmidt

Foto: Sammlung Martin

Foto: H. G. Waldschmidt

Foto: Sammlung Dr. Deutscher

Foto: H.-G. Waldschmidt

Foto: Sammlung Baumann

Foto: H.-G. Waldschmidt

Foto: Archiv

Foto: H.-G. Waldschmidt

Foto: Ute Claas

Foto: H.-G. Waldschmidt

Foto: Sammlung Herrmann

Foto: H.-G. Waldschmidt

Foto: Sammlung Hollreiser

Foto: H.-G. Waldschmidt

Foto: Archiv

Foto: H.-G. Waldschmidt

Foto: Sammlung Horst Ulm

Foto: H. G. Waldschmidt

Foto: Sammlung Schuler

Foto: H.-G. Waldschmidt

Foto: Archiv

Foto: H.-G. Waldschmidt

Foto: Sammlung Schuler

Foto: H.-G. Waldschmidt